✳Magias no Futebol
✳Revelações
inéditas de um
"Pai de Santo"

Dados Internacionais de Catalogação na Publicação (CIP)
(Câmara Brasileira do Livro, SP, Brasil)

Barros, Roberto G.
   Magias no Futebol – revelações inéditas de um "pai de santo" / "Pai Guarantã" Roberto G. Barros. – 1ª edição – São Paulo: Ícone, 2011.

   ISBN 978-85-274-1167-7

   1. Espiritualidade 2. Futebol 3. Magia 4. Umbanda (Culto) 5. Umbanda (Culto) – Rituais I. Título.

11-00571   CDD-299.60981

Índices para catálogo sistemático:

1. Magias no Futebol: Umbanda: Rituais: Religiões afro-brasileiras   299.60981

"PAI GUARANTÃ"
ROBERTO G. BARROS

Magias no Futebol

Revelações inéditas de um "Pai de Santo"

1ª edição
Brasil – 2011

© Copyright 2011
Roberto Getulio de Barros
Direitos cedidos à Ícone Editora Ltda.

Capa e miolo
Richard Veiga

Projeto de ilustrações
André Martinez

Ilustrações
Ricardo "Bolicão" Dantas

Revisão
Marsely De Marco Dantas

Proibida a reprodução total ou parcial desta obra, de qualquer forma ou meio eletrônico, mecânico, inclusive através de processos xerográficos, sem permissão expressa do editor. (Lei n° 9.610/98)

Todos os direitos reservados pela:
ÍCONE EDITORA LTDA.
Rua Anhanguera, 56 – Barra Funda
CEP: 01135-000 – São Paulo/SP
Fone/Fax.: (11) 3392-7771
www.iconeeditora.com.br
iconevendas@iconeeditora.com.br

Apresentação

Existem criaturas que nascem com um "DOM" gerado por uma **Força Energética Maior**, emanada pelo Poder de Deus Pai Todo-Poderoso nos Céus e na Terra.

E foi assim que nasceu **ROBERTO GETULIO DE BARROS**, mais conhecido no mundo espiritual como o "**PAI GUARANTÃ**". Umbandista convicto, homem de Fé e há mais de sessenta anos Sacerdote na Lei da Umbanda.

Com relevantes serviços prestados à Sociedade Brasileira pelos seus **Dons Espirituais**, atravessou décadas levando conforto a todas as pessoas carentes e necessitadas que o procurasse.

Em sua Jornada inigualável na UMBANDA, formou mais de vinte mil Filhos de Fé, sendo alguns deles nomes importantes na esfera espiritual, política e empresarial da atualidade.

Ao escrever este livro, **MAGIAS NO FUTEBOL**, depois de militar por quarenta anos em vários clubes do futebol brasileiro utilizando seus conhecimentos energéticos em formas de "Ajudas Espirituais e Materiais" aos clubes solicitados, "**Pai Guarantã**" vem nos revelar os bastidores da atuação das "Entidades Espirituais" em nosso dia a dia, na luta eterna do "Bem contra o Mal".

A decisão de editar este livro **MAGIAS NO FUTEBOL** foi tomada depois de o autor ter recebido uma autorização de *Ordem Superior*. Os fatos ocorridos nele são verídicos e servirão como um condutor espiritual às pessoas enraizadas no futebol em geral. O livro também ensinará as pessoas a utilizarem as "Energias Positivas" em seu plano mental, destruindo assim as "Cargas Negativas".

Tenho certeza de que será fácil de ler e entender o seu conteúdo tão revelador porque "**Pai Guarantã**" o escreve num linguajar popular, rico em detalhes, fazendo o leitor se sentir presente nos acontecimentos.

Explicações

Quero esclarecer ao estimado leitor certos detalhes importantes para mim na elaboração deste livro **MAGIAS NO FUTEBOL**.

Sua confecção foi baseada nas minhas **Jornadas Espirituais** nos diversos **Clubes de Futebol** em que prestei trabalhos de Ajuda Espiritual, que sempre foram voltados positiva e objetivamente a um futuro brilhante.

Até hoje muitas pessoas me perguntam: "**Pai Guarantã**, *qual é o seu time do coração? O Sr. tem um de preferência?*"

Então respondo: "*Todos os clubes em que prestei as minhas* **Ajudas Espirituais** *são do meu coração, pois em todos dediquei com paciência e amor os meus conhecimentos. Assim foi no São Paulo Futebol Clube, no Corinthians, no Fluminense, novamente no Corinthians, no Guarani – Campeão Brasileiro de 1978, no Flamengo do Rio de Janeiro, nos Clubes intermediários relatados aqui no livro, novamente no Corinthians em 1995/1998 na conquista do título Brasileiro e neste mesmo ano no*

S.P.F.C., *na conquista do Título Paulista com aquele belo gol do Raí, e depois ajudei no ano 2001 o Atlético do Paraná na conquista do Título Brasileiro".*

Muitas pessoas ainda me questionaram se podemos usar nossos "Dons Espirituais" em determinados assuntos tais como Futebol, Escolas de Samba, Empresas, etc.

Gostaria de lembrar, principalmente aos "Umbandistas", que as pessoas procuram na religião por todos os tipos de necessidades espirituais, mentais, de saúde e principalmente financeiras. Quando as coisas não estão dando certo, lá estão nossos *Caboclos*, *Preto-Velhos*, *Exus* a nos orientar para nosso sucesso. A questão maior não é o assunto, mas sim a finalidade em que esta conquista desejada será usada. Existem milionários na matéria que são miseráveis no espírito, ganham e não dividem nada com ninguém. Existem pessoas que ficam "atrás da moita", esperando somente colher benefícios sem nada ofertar em troca do que receberam.

Sempre usei minhas **Energias e Formas de Magias** para ajudar somente aqueles em que percebi bondade no coração. Pessoas que tinham objetivos positivos e estavam dispostos a distribuir alegria e conforto espiritual ao próximo. Futebol é alegria do povão e alegria é cura para a carne e para o espírito. Assim nasceram, por uma força espiritual muito elevada, diversos grandes jogadores de futebol, muitos no exterior e outros no Brasil.

Graças a esses *Trabalhos de Magia*, consegui conhecer **Portais Espirituais** de grande valor e magnitude, fixando em minha consciência, o entendimento da existência de **Formas Energéticas Positivas**, atuando em nosso planeta, que num futuro bem próximo serão reveladas ao ser humano e servirão como base na recuperação de uma vida melhor e cheia de harmonia e paz.

Obrigado e Saravá!

O Autor
"Pai Guarantã"
Roberto G. Barros

"NA VIDA NUNCA PODEMOS PERDER A FÉ, POIS ELA É A GRANDEZA DE NOSSA ALMA."

Índice

O início. 1969, **13**

S.P.F.C. × Independente da Argentina. Uma derrota energética, **17**

Corinthians Paulista. Fortes emoções, **20**

O jogo contra o Ceará. Um gol espírita, **23**

Peixe com boca costurada. O impossível aconteceu, **26**

Fluminense Futebol Clube. 1973, **30**

Minha volta ao Corinthians. 1975, **34**

A maldição é quebrada. A caixa de ferro, **36**

Dedicação e fé. 1976, **38**

Mais de 60.000 Corintianos. Pênaltis decisivos, **42**

Internacional × Corinthians. Final do Campeonato Brasileiro – 1976, **45**

Minha passagem no Guarani F.C. 1978, **51**

Os estudos dos jogadores. Preparação adequada, **55**

O Guarani chegando às finais. Neste mato tem coelho, **59**

O taxista Raimundo. Um informante boa-praça, **61**

Pai de santo de Olinda. Pontos contrários, **63**

Desmanchando a Magia Negra. Círculo mágico, **67**

O jogo contra o Sport. Um jogo solene, **70**

O jogo de volta em Campinas. Campo do Guarani, 73

Um confronto de Titãs. Pai Guarantã × Pai Santana, 75

A caveira de uma cabeça de porco. Uma guerra psicológica pensante, 78

Desespero do Pai Santana. Queima pólvora no campo, 81

O bilhete "malcriado". Uma vitória com paz na alma, 83

A troca de fechaduras no Maracanã. Melhor previnir do que remediar, 86

A entrega das guias. Guias aos jogadores do Guarani, 91

O mosquito mordeu Leão. Um leão explosivo perde a juba, 96

A previsão de Pai Guarantã. Guarani — Campeão Brasileiro de 1978, 100

Flamengo × Vasco. 1978, 104

O incrível aconteceu!!! Quem tem sorte, tem!!!, 107

Os times intermediários, 111

Bragantino × Novo Horizontino. 1990, 114

Corinthians Paulista. Copa do Brasil — 1995, 117

Corintianos jogam-se no chão. Uma goleada histórica, 124

Corinthians × Grêmio. Final da Copa do Brasil 1995, 127

Corinthians × Palmeiras. Campeonato Paulista de 1995, 131

A água cheia de encantamentos. A Mãezinha Yobansi, 134

A volta para São Paulo. Coisa boa é para sempre, 138

Nelsinho Batista. Competente. 1998, 141

Atlético do Paraná. Furacão 2001, 143

Os que ficam atrás da moita. Homenagem do Pai Guarantã ao Povo Brasileiro, 144

Os Iluminados. Deus conta com você, 146

O início

1969

No início tudo foi difícil para mim, pois desconhecia certos fatores espirituais que poderiam ser aplicados no futebol, em forma de "Ajudas Espirituais e Magias".

Era um grande desafio penetrar neste campo espiritual, pois em 1969, como "Chefe de Terreiro" há mais de trinta e cinco anos e com milhares de "Filhos de Fé" coroados no "<u>Rito da Umbanda Nativa</u>", utilizar as forças positivas direcionadas a um determinado objetivo seria um avanço de evolução e aprendizado. Por determinação do "Plano Espiritual Superior" assim aconteceu:

Estava eu na Praça da República em São Paulo quando, por força do destino, encontrei um velho amigo de nome "Duque", muito influente na área política.

Ele abraçou-me com muito carinho e disse: *"Foi bom encontrar com o Senhor, tenho diversos problemas a resolver e não sei como saná-los. Será que o **Pai Guarantã** podia me orientar sobre qual o melhor caminho a percorrer e fazer valer sua energia?"*

Naquele mesmo instante parei, firmei meu pensamento nas "Grandes Forças Espirituais" e senti em meu mental uma voz que dizia: *"Vá à pessoa que te espera."*

O Duque pegou em meu braço e falou: *"O Senhor poderia ir comigo neste encontro muito importante para mim?"*

De pronto respondi que sim, e não se passaram dez minutos e já estávamos em um escritório bem moderno.

De imediato o Duque apresentou-me o dono do escritório, o **Sr. Washington Natel**, irmão do **Sr. Laudo Natel**, que é figura marcante no cenário político e financeiro do Brasil.

O Sr. Washington me recebeu como se fôssemos velhos amigos e disse estar feliz com minha presença em seu escritório. Ficamos conversando um longo tempo e ele foi detalhando os seus problemas, num clima bem agradável. Em determinado momento ele comentou que a sua maior necessidade no momento era com seu irmão e disse:

"**Pai Guarantã**, eu necessito e muito de suas Ajudas Espirituais no sentido de que meu irmão Laudo Natel seja escolhido o futuro Governador do Estado de São Paulo, mas existem Forças Contrárias impedindo sua nomeação em Brasília."

Estávamos na Ditadura Militar e essa nomeação tinha que ser dada pelo Presidente da República, na época um General.

Realizamos diversos trabalhos espirituais, "MAGIAS", para que eles tivessem as energias positivas e marcantes em seus objetivos.

Num destes trabalhos, minha entidade, o "**Caboclo Guarantã**", falou ao Sr. Washington Natel que o seu irmão Sr. Laudo Natel seria escolhido e nomeado numa quinta-feira às 15h30 o "Governador dos Paulistas" e não deu outra, ele foi nomeado na data prevista de acordo com a previsão do "Caboclo Guarantã".

Em 1970, depois da posse do Sr. Laudo Natel como Governador, fui colaborar no Palácio do Governo, ajudando o Sr. Washington Natel, que assumiu a subchefia da Casa Civil.

Tinha que me dividir entre o trabalho no Palácio do Governo e o meu terreiro que me consumia tempo e exigia muita dedicação espiritual. No decorrer do tempo fui conhecendo diversas pessoas e entre elas o **Sr. Henry Aidar**, Secretário da Casa Civil e mandatário máximo do São Paulo Futebol Clube.

Bem, eu tive que relatar todos estes detalhes para que o estimado leitor possa entender a minha jornada neste "**campo esportivo e espiritual**".

Naquele ano de 1970, fui atender a uma solicitação do Sr. Henry Aidar, pois o São Paulo F.C. disputava o título no Campeonato Paulista e ele queria que o time fosse **Campeão Paulista**. Trabalhei muito neste adjetivo e graças a DEUS ele foi vitorioso, bisando novamente o título em 1971.

Como frisei anteriormente, foi neste Clube que iniciei a minha caminhada espiritual junto ao futebol. De 1970 a 1974 o São Paulo F.C. conquistou dois títulos e um de vice-campeão da América no Chile.

S.P.F.C. × Independente da Argentina

UMA DERROTA ENERGÉTICA

No jogo em Santiago do Chile contra o Independente Clube da Argentina, diversos fatores levaram o São Paulo F.C. à perda do título, num pênalti mal chutado pelo **Zé Carlos Serrão** nas mãos do goleiro argentino, consumando o empate e na prorrogação da partida tenham a certeza o São Paulo F.C seria o campeão, pois o time da Argentina "ANDAVA EM CAMPO".

Quando **José Poy**, na época, técnico do São Paulo F.C. escolheu **Zé Carlos** para bater o pênalti, senti que ele "não estava bem espiritualmente" para esta cobrança e então gritei para o José Poy deixar o **Forlan** (Pachá) (um lateral Uruguaio com um chute muito forte) bater o pênalti, mas eu acho que ele não me ouviu e o inevitável aconteceu.

Foi lamentável a perda depois de todos os esforços empreendidos e de uma campanha memorável do São Paulo F.C. naquele campeonato. Principalmente nos jogos finais com o Independente Clube da Argentina, onde ganhamos o primeiro jogo no Pacaembu por 2×1 e perdemos o segundo jogo na Argentina por 2x0 numa arbitragem suspeita e "SACANA" do trio que apitou essa partida. Logo no primeiro tempo expulsou o **Terto** (ponta direita), que era um dos melhores jogadores do time. O São Paulo F.C. ficou com dez jogadores em campo, mesmo com todos os alertas que dei ao técnico José Poy dos perigos deste jogo.

No terceiro jogo lá em Santiago do Chile, com a vitória do Independente Clube da Argentina, ainda no avião de volta para casa, o Sr. Henry Aydar comentou comigo:

"**Pai Guarantã**, foi um castigo enorme a perda deste título, não foi?"

Mesmo triste com o resultado, respondi: "**Aydar**, *castigos não existem em Futebol, mas sim certos fatores misteriosos, que estão acima de nossos conhecimentos e desejos. Não basta termos a visão espiritual dos pontos fracos, são necessárias muita dedicação e fé para amenizá-los*".

Durante o Governo de Laudo Natel, apelidado carinhosamente de "**Governador Caipira**", permaneci no São Paulo F.C. cujo presidente na época era o **Dr. José Douglas Dalora**, uma grande figura e um ser humano notável, com uma grande visão no Futebol.

Convivi também entre "Cobras e Lagartos". Existiam pessoas que acreditavam em meus "Trabalhos Espirituais" e outras que, por inveja ou incompetência, acabavam atrapalhando todo o processo do próprio time.

Em minha passagem pelo São Paulo F.C. conheci pessoas fantásticas: **Gino Orlando**; **Dona Catarina** "Rainha da Cozinha"; **Sr. Reis**; **Sr. Flavio Prado** – jornalista e comentarista esportivo do mais alto gabarito. Os grandes amigos jogadores: **Waldir Perez Paranhos** – um zagueiro alagoano bom de bola; **Nelsinho Batista**, hoje renomado técnico de futebol; **Chicão**; **Terto** (Tertulino); **Muricy Ramalho** e **Zé Carlos Serrão**, ambos os treinadores na atualidade; **Forlan** (Pachá); o fora de série **Pedro Rocha**, uruguaio; **Mirandinha**, que era reputado como um dos melhores centroavantes do Brasil (pena que ele num jogo do Interior Paulista tenha sofrido uma grande contusão) e tantos outros que tinham um total respeito por mim e pelos meus **Trabalhos de Ajuda**.

Depois da experiência no São Paulo F.C., aprendi muito e convivi também com os "CARDEAIS" e "CARTOLAS" que são os **CRI-CRIS** do nosso futebol. Lógico que houve muitas divergências e atritos entre nós, tanto que isto gerou o meu afastamento do clube na época.

Corinthians Paulista

FORTES EMOÇÕES

Foi neste grande Clube Paulista que tive as minhas maiores emoções e tudo se iniciou no ano de 1972.

Estava eu em São Paulo, no meu Centro Espírita na Av. Santa Catarina, 414, no bairro do Aeroporto, local em que hoje se encontra a Faculdade de Teologia de Umbanda, quando chegou um amigo, corintiano ferrenho e amigo do presidente do Corinthians VICENTE MATHEUS, e logo foi dizendo:

"**Pai Guarantã**, *você não quer ajudar o **Corinthians**? Nosso Timão não ganha há dezoito anos o **Campeonato Paulista**. Será que tem um "SAPO" enterrado lá? Eu falei sobre o Sr. e eles querem conhecê-lo.*"

Respondi ao amigo que ia consultar os "Mentores Espirituais" para saber se eles dariam autorização a estes trabalhos.

No ano de 1972, o **Sr. Davi Ferreira** tinha assumido a parte técnica do time, um técnico mineiro de bons predicados.

Este meu amigo marcou um encontro com o técnico na sede do Corinthians, a famosa "FAZENDINHA" no Parque São Jorge, que já estava a nossa espera com um dos seus auxiliares. Logo apresentamo-nos e ele foi de imediato ao assunto:

"**Pai Guarantã**, *eu sou homem de muita Fé e acredito na existência de Energias Positivas em nosso mundo. Será que o senhor poderia me ajudar em um jogo muito importante para mim? Este jogo será contra o Ceará no Pacaembu na semana que vem.*"

O Corinthians estava no Campeonato Brasileiro disputado uma vaga e vinha passando por uma fase estranha há vários anos, sem ganhar nenhum Campeonato

Paulista mesmo possuindo a maior torcida do Brasil que com certeza não media esforços em mentalizações positivas e trabalhos espirituais para ajudar seu time do coração, mas isso não estava sendo o bastante. O técnico Davi Ferreira era uma figura simpática e falante, parece que os nossos "SANTOS" se cruzaram numa energia maior. Concordei em ajudar.

O jogo contra o Ceará

UM GOL ESPÍRITA

Veio o jogo contra a equipe do Ceará. O Pacaembu como sempre quase lotado. Era uma noite nebulosa e meio fria em que reinava a ansiedade da nação corintiana por um resultado favorável. Tudo estava preparado espiritualmente para o Corinthians vencer esta partida, ao menos por 1x0, resultado este que lhe daria chances de permanecer no torneio.

Assim que o juiz apitou o início da partida, fiz as "Firmações Espirituais" necessárias e olhei para o céu rezando para o sucesso do Corinthians.

O equilíbrio das equipes era nítido e o jogo estava amarrado. As jogadas não conseguiam se desenvolver e a bola fugia dos pés dos jogadores com grande facilidade. A torcida estava inquieta e empurrava o time com seus gritos e agitação de bandeiras. O Ceará estava todo recuado na defesa e com marcação bem acirrada, impedindo a evolução de jogadas individuais.

O jogo terminou 0x0 no primeiro tempo e o Corinthians, para se classificar, necessitava ao menos de um gol. No segundo tempo, os minutos iam passando e nada do *"gol salvador"*. O jogo estava quase no final quando apelei às "Entidades Maiores", que imediatamente me mandaram firmar no chão um *"Ponto Astral"* com minha Adaga Sagrada, mentalizando a vitória. Assim o fiz.

Os minutos seguintes pareciam uma eternidade, não passavam. Faltavam uns três minutos para a partida terminar quando aconteceu um lance muito curioso e ele foi assim:

O Corinthians tinha um jogador de nome **Sucupira** vindo do Paraná, que, numa jogada na grande área, chutou forte no travessão repicando no peito do goleiro do Ceará que voltava para sua posição original – *gol contra*. Vitória do Corinthians num "Gol Espírita", como dizem no futebol.

Já no vestiário, o técnico Davi Ferreira abraça todos que lá se encontram, demonstrando claramente sua felicidade pela vitória. Em determinado momento ele me olhou e acenou com um sorriso, disse: "**Valeu!**"

Peixe com boca costurada

O IMPOSSÍVEL ACONTECEU

Com a classificação nas mãos, o Corinthians ia jogar com o Botafogo do Rio, que tinha em seu time o fabuloso **Jairzinho**, jogador de alto nível técnico da Seleção Brasileira. Hospedei-me no Hotel Novo Mundo, localizado na praia do Flamengo, no Rio de Janeiro, local escolhido para abrigar a delegação do Corinthians e outros componentes da Diretoria.

Já no hotel, me preparando para descansar, senti a presença do *Meu Mentor* me alertando que *Forças Contrárias* estavam atuando e que eu me preparasse para uma *Jornada de Defesa* muito difícil. Disse ainda que a situação não era favorável ao Corinthians naquele jogo e ele me mostraria o que tinha sido feito.

Fiquei em uma situação delicada, principalmente em como alertar a diretoria sobre o fato, e convoquei minha *Equipe de Médiuns* para me auxiliar nos trabalhos a serem efetuados.

Quando a delegação do Corinthians chegou ao hotel, fui ao apartamento do técnico Davi Ferreira alertá-lo sobre a arbitragem e outros fatores negativos que poderiam acontecer no jogo.

À noite eu tinha que realizar meus *Trabalhos de Magias* no mar, ritual este de *proteção aos jogadores*, durante a partida contra o Botafogo, evitando assim graves contusões aos atletas.

As 22h00, eu e meus auxiliares caminhamos em direção ao mar, que ficava em frente ao hotel Novo Mundo. Acompanhou-nos o **Sr. Isidoro Matheus**, chefe da delegação do Corinthians.

Quando chegamos à praia, nos deparamos com uma *Oferenda* enorme. Era um peixe grande forrado com bananeiras, embaixo dele um pano preto e vermelho, muitas velas acessas, garrafas de pinga, charutos, etc. Era realmente um poderoso *Despacho*.

Fomos todos acometidos de espanto diante daquela cena e devagarzinho nos aproximamos. Com muita curiosidade me agachei ao lado do *Despacho* e verifiquei que o peixe estava com a *boca costurada*. Lembrei-me na hora do alerta do *Meu Mentor* e pedi a um dos meus auxiliares um canivete. Cortei a linha e dentro da boca do peixe havia um papel dobrado em bom estado de conservação. Retirei-o e para surpresa geral nele estavam os *nomes dos jogadores* do Corinthians. Senti, naquele momento, um arrepio que vinha da cabeça aos pés.

Reforcei todos os *Pontos de Defesa*, tentando desfazer o citado *despacho*, mas não foi possível, o ato estava consumado. Perdemos o jogo contra o Botafogo e a classificação, numa arbitragem suspeita do juiz, que deixou de apitar dois pênaltis a favor do Corinthians.

Dias depois, em um dos trabalhos no meu terreiro, o **Caboclo Guarantã** me deixou uma mensagem que dizia: "*Quando suas defesas estão debilitadas por um longo período, sua imunidade se apaga e você pode morrer da mais simples infecção.*"

Estou com isso demonstrando que nem sempre estamos preparados para receber o *Oposto Negativo*, muitas vezes as *Forças do Mal* prevalecem e só servem para destruir os homens em qualquer sentido e propósito. Quando *positivamos valores*, estamos realçando o *Bem Existente* e isto é bem diferente de usar as *Forças da Magia* pedindo *Destruição*, isto é, a *Magia Negra*.

Existem pessoas que se utilizam das suas *magias* com propósitos negativos usando a bandeira de algumas religiões. É importante realçar que a **Umbanda** em nenhum momento aplica estes métodos para o mal e quando isto acontece tenham certeza que **NÃO É UMBANDA**, mas sim outro ritual que está fora do contexto de *Nossa Lei*.

Depois daquele episódio muito marcante para mim e para os objetivos do Corinthians, aprendi que em citados "trabalhos de *Magia Negra* temos que sempre recorrer a outras *Forças Vibratórias*, com a finalidade de anulá-los, mas tinha certeza de que num futuro bem próximo o Corinthians encontraria seu lugar ao "SOL".

Fluminense Futebol Clube

1973

O técnico Davi Ferreira saiu do Corinthians, indo treinar o Fluminense do Rio de Janeiro. Ele não tinha em mãos jogadores de peso nesta equipe. Alguns jogadores eram bons e o resto oriundo de equipes menores. Para um técnico formar uma equipe competitiva, é necessário um trabalho árduo e extensivo, além de contar com o fator SORTE.

Então ele me chamou ao Rio de Janeiro a fim de se aconselhar melhor com relação à sua equipe. Cheguei numa segunda-feira e fui do aeroporto direto para o Fluminense, no Bairro das Laranjeiras.

No momento de minha chegada na sede do Clube, verifiquei espiritualmente que havia "*certas coisas no ar*", pois quando pisei na entrada do clube, veio ao meu encontro um senhor negro, com um belo sorriso e uma tranquilidade fora do comum, que me disse:

"*O Senhor é Espírita?*" Respondi que sim.

Continuou ele: "*Que bom, agora tenho a certeza de uma* **bela campanha do Fluminense**, *meu time do Coração. Este será o* **Ano do Fluminense**." Isso me deixou perplexo, pois em minha vida nunca o tinha visto e durante o nosso diálogo eu havia ficado todo irradiado.

Depois desse fato estranho e misterioso, nunca mais vi aquele senhor no Clube e, baseado em suas palavras, intensifiquei minhas *Firmações* e comecei a dirigir meus "*Trabalhos Espirituais*" ao time do Fluminense, com o objetivo de dar ao elenco as "MAGIAS POSITIVAS" aos confrontos futuros.

O Fluminense vinha alternando uma regularidade muito boa no *Campeonato Carioca*, e foi tomando vulto na disputa até chegar à final contra o Flamengo.

Mesmo com todas as *Magias* e *Orientações Espirituais* que eu dava a todos, vale aqui lembrar a dedicação, fé e os sacrifícios do técnico David, dos jogadores e da comissão técnica durante toda a campanha, fazendo por merecer estarem na grande final.

Veio então a decisão final no MARACANÃ. Era outro tradicional FLA-FLU. O estádio estava com mais de cem mil torcedores e os dois times na *Ponta dos Cascos*. Era uma *guerra fria* entre as torcidas em uma noite chuvosa.

Cheguei ao Estádio do Maracanã aproximadamente três horas antes do início da partida, junto com o roupeiro do Fluminense, e lá dentro do vestiário iniciei de imediato os *Rituais de Proteção* e *Auxílios Espirituais* para que o time fosse vitorioso na disputa. *Benzi* todas as chuteiras com *sal grosso* e cruzei com "*Pembas*" os uniformes pedindo bênçãos aos jogadores. Acendi as *velas de carnaúba* em cima dos "PONTOS DE MAGIAS" em forma de *firmeza* e rezei aos "*Grandes Mentores*" pedindo vitória. Depois de tudo feito, aguardei o jogo com muita ansiedade.

Na chegada dos jogadores do Fluminense, notei que eles estavam tranquilos e com uma fisionomia POSITIVA. Neste ínterim, o técnico David chegou perto de mim e perguntou: "**Pai Guarantã**, está tudo certo? Estamos protegidos?" Falei que sim com muita certeza.

No início da partida o time do Fluminense mostrou sua determinação em campo de sair vitorioso neste confronto tão difícil. Foi um espetáculo, um show de bola brasileiro. Quando o jogo terminou, *vitória do Fluminense* por 4×2 e o título de *Campeão Carioca de 1973*. Aí foi só festa do Maracanã até a sede do Clube.

Quero ressaltar que *muitos detalhes* e acontecimentos não foram relatados por motivos de *Ordem Espiritual*.

Estávamos todos reunidos; eu, meus auxiliares, o técnico David e os membros da diretoria, comemorando esta magnífica vitória, quando me veio na lembrança aquele senhor negro com suas palavras precisas e positivas "ESTE SERÁ O ANO DO FLUMINENSE", quem seria ele?

No dia seguinte a essa conquista, retornei a São Paulo, muito feliz pela vitória e por saber que esta dádiva era uma coisa de DEUS. **Saravá meu Pai.**

Minha volta ao Corinthians

1975

Em 1975, corria um boato que afirmava a existência de um SAPO enterrado na *Fazendinha*, termo carinhoso dado pelos antigos corintianos à sede social do Corinthians.

Fui convidado pelo Presidente **Vicente Matheus** a comparecer no *Parque São Jorge*. Cheguei à sede do clube no fim da tarde e fui encaminhado diretamente ao seu gabinete. Ele me recebeu com muita cordialidade e simpatia, e foi logo perguntando de maneira direta e objetiva:

"**Pai Guarantã**, eu tenho duas perguntas a fazer: É verdade a existência de um *sapo enterrado* aqui? E por que o Corinthians não ganha o *Título Paulista* há 21 anos?

Respondi cautelosamente ao Presidente Matheus, que me ouvia atentamente, que no *Campo Espiritual* tudo pode existir. *Forças negativas e positivas* pairam no ar, são energias misteriosas. Na maioria das vezes elas vêm de pessoas falecidas que, por não cumprirem suas *missões*, ficam *presas no campo vibracional da Terra*. Estes *espíritos* são chamados de *Obsessores* ou

Mortos-Vivos (*Eguns Não Iluminados*), que vivem atados em diferentes ambientes ou a familiares, deixando assim tremendas *cargas negativas*. Por onde eles passam nada fica em pé porque eles são energias que precisam de luz e compreensão e não distinguem o Bem do Mal.

Depois dessas respostas e de várias explicações marcantes, foi agendada uma data com a finalidade de se realizar na sede do clube um *Trabalho Espiritual*. Esta reunião tinha que ser realizada à noite porque as *entidades* que iam *incorporar* só trabalham neste horário e precisam de determinadas circunstâncias ambientais e da lua certa.

O Presidente Matheus pediu para que eu providenciasse tudo o que fosse necessário e que não hesitasse em procurá-lo se encontrasse qualquer dificuldade para a realização deste trabalho.

Agradeci a atenção e retornei ao *meu terreiro*, onde comecei os preparativos para tal reunião e as firmações dos **Pontos Astrais** para assegurar a proteção de todos que participariam da sessão. Nos dias que se seguiram eu quase não dormia recebendo muitas mensagens de orientação e tive diversas *visões desagradáveis*.

A maldição é quebrada

A CAIXA DE FERRO

No dia marcado, reuni diversos *Médiuns* da minha total confiança, pois este tipo de trabalho requer uma *corrente mediúnica* muito firme e dinâmica. Iniciamos os nossos trabalhos as 22h00, com a presença do **Presidente Matheus** e dos membros da diretoria. Incorporei nesta reunião o **Caboclo Guarantã** e um dos meus médiuns, o **Edivaldo Lucena**, incorporou um *espírito sofredor*, falando que ele estava *sem luz* e *preso* em um *trabalho bem antigo* há mais ou menos vinte e sete anos. Disse ainda que o trabalho estava enterrado numa *cova profunda* perto da **capela de São Jorge** a uns sete metros à esquerda da imagem e que tinha sido feito por uma pessoa *muito má*. Esse *espírito* gritava e chorava muito pedindo *ajuda e libertação*.

Munidos de pá e enxada, chegamos ao local indicado pela entidade, cavamos umas oito vezes, e nada. Na décima tentativa, a enxada bateu em algo, removemos a terra que cobria o objeto e lá estava *o trabalho*.

Retiramos o objeto citado e vimos que era uma CAIXA DE FERRO toda suja e enferrujada. Estávamos tensos com o achado e uma *energia muito densa* estava presente, causando arrepios. Foi então que o **Caboclo Guarantã** pediu que ninguém tocasse na caixa e falou:

"*Eis a MALDIÇÃO. Agora sim este time vai caminhar positivamente rumo a muitas conquistas que lhe são de direito*".

Na sequência, *minha esquerda* manifestou-se através do **Exu Rei** em um *Trabalho de Desimpregnação* que durou a noite toda.

No término da sessão, o **Caboclo Guarantã** retornou e determinou que a CAIXA DE FERRO citada fosse jogada no rio, sem que fosse aberta, a fim que todos os males do *Corinthians* fossem embora.

Quando pensei que finalmente estavam quebrados os *Elos negativos* que tanto prejudicavam o Corinthians na conquista do *Título Paulista*, meu *Mentor* encostou e me disse que eu estava certo, mas que ficasse alerta, pois outros *despachos* viriam, e concluiu dizendo: "*A vida é uma espiral contínua onde nada tem fim*".

No dia seguinte, o Presidente Matheus me telefonou, agradecendo pela *Reunião Espiritual* e disse estar muito surpreso com o ocorrido (ele era um grande corintiano).

Dedicação e fé

1976

Em 1976, o Corinthians ia disputar o *Campeonato Brasileiro* e novamente seu técnico seria o **Sr. Davi Ferreira**, o DUQUE. Logo que assumiu o cargo, me chamou para ir ao *Parque São Jorge* para verificarmos as chances reais do Corinthians nesse torneio. Pedi a ele a relação dos jogadores (nomes) com o propósito de estudar as energias de cada jogador.

Com os nomes dos jogadores em mãos, realizei um estudo espiritual profundo e dedicado a cada um e cheguei à conclusão que naquele ano de 1976 o time do Corinthians tinha grande chance de chegar à final.

Trabalhamos juntos mês a mês, reunindo todas as *energias positivas* em favor do time para que a previsão se tornasse uma realidade. Com o passar do tempo, o Corinthians foi se classificando entre os melhores na tabela e com muito esforço chegou às quartas de final.

No sorteio da tabela, o time rival era o Fluminense do Rio, e o jogo foi marcado no Maracanã. Parecia mais um teste para minha fé e aprendizado, por ironia do destino o Fluminense foi o último time *campeão* em minhas mãos (1973) e agora eu estava prestando minhas "*Ajudas Espirituais*" ao Corinthians.

Na semana do jogo tão importante para as pretensões da Corinthians, tivemos alguns problemas de contusões e outros mais. Cheguei ao Rio de Janeiro acompanhado de minha equipe com plena certeza de que o time seria protegido em todos os sentidos *espirituais*. A fé dos jogadores era visível.

Quatro dias antes do jogo, comecei a efetuar os *Trabalhos de Ajudas* e as *Previsões Espirituais* das providências a serem tomadas para que o time corintiano pudesse desempenhar em campo todo o seu potencial. O Fluminense na época contava com **Rivelino** (um fora de série) e com o notável **Carlos Alberto** (Pintinho), além de outros bons jogadores. O Fluminense no Maracanã era quase imbatível, além de ter ao seu lado uma enorme torcida.

Ficamos hospedados no Hotel Nacional, perto da Praia de São Conrado, local escolhido por mim e também onde a delegação do Corinthians ia se concentrar para o jogo de domingo.

No sábado, assim que a delegação do Corinthians chegou, fui falar com o técnico Duque para marcamos a nossa *Reunião Espiritual* de rotina. As 22h00 em ponto, iniciamos a reunião com a aprovação do Presidente Matheus e do técnico Duque. No decorrer da reunião, um dos jogadores, **Geraldão** (um ótimo centroavante e goleador) ficou *tomado* por uma *Entidade Espiritual da Esquerda* (*Exu*), solicitando de pronto uma garrafa de pinga e outros apetrechos para ajudar na conquista.

Mas quando ele *desincorporou*, o *Exu* em questão não levou totalmente os efeitos da bebida, ficando ele, **Geraldão**, bem grogue, a ponto de o médico do Corinthians chegar para mim e dizer: *"**Pai Guarantã**, o que vamos fazer agora?"*

Respondi: *"Não se preocupe Doutor, o efeito passará e o Geraldão estará bom para o jogo de domingo."*

Houve na sessão outros fatores positivos e marcantes. Numa citada hora, minha entidade, **Exu Rei**, falou ao técnico Duque que o Corinthians ia ganhar nos pênaltis porque o goleiro **Tobias** era um bom *Guarda Meta* e ia *fechar o gol* e que alguns jogadores do Fluminense iam chutar as cobranças para fora.

Ainda tinha que realizar dois tipos de *Obrigações* e de *Magias* no mar. Lá fui cumpri-las na praia de São Conrado, levando comigo meus auxiliares e alguns amigos.

Era mais de uma hora da madrugada do domingo, dia do tão esperado jogo contra o Fluminense. Esses tipos de *Obrigações* e de *Magias* não são nada fáceis de realizar. No primeiro trabalho acendemos mais de 6.000 velas em pontos demarcados e no segundo trabalho colhemos água do mar para que fosse jogada no vestiário do Corinthians em forma de um *Benzimento*. As Magias foram realizadas pelo *"***Caboclo Guarantã***"* com sucesso.

Fui dormir às 3h30 da madrugada de domingo e levantei às 10 horas. Tomei um café reforçado e desci para a piscina em traje de banho. Lá encontrei **D. Marlene Matheus** e muitos amigos corintianos. Sentimos que todos estavam confiantes em uma vitória do Corinthians.

Aí D. Marlene perguntou-me: *"**Pai Guarantã**, está tudo bem? O nosso time vai ganhar?"*

Respondi que na *parte espiritual* o quadro do Corinthians estava *coberto e protegido*, agora os jogadores deveriam fazer sua parte.

Às 13 horas, juntamente com meus auxiliares, rumei em direção ao estádio da Maracanã e fui direto para o vestiário do Corinthians afirmar os *Pontos de Magia*, um trabalho que era um prolongamento dos já realizados, aumentando assim as chances de vitória naquele jogo. *Espiritualmente* o time estava totalmente *iluminado* e *coberto de Proteção* contra qualquer tipo de *Magia Negra*. Agora era só esperar o início da partida.

Mais de 60.000 Corintianos

PÊNALTIS DECISIVOS

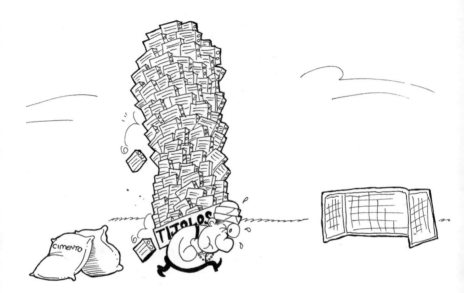

Quando terminei meus *Trabalhos de Magia* no vestiário do Corinthians, subi com meus ajudantes (*Médiuns*) à *Tribuna de Honra*. Lá estava toda diretoria, o Presidente **Vicente Matheus** e **D. Marlene**, e um convidado especial, o **Sr. Alfredo Mitidieri**, presidente da *Federação Paulista de Futebol* na época e, pasmem, dentro da Maracanã, mais de *sessenta mil corintianos* que vieram de todas as partes do Brasil, demonstrando, com aquele ato, uma dedicação de amor e fidelidade ao time.

Cada vez mais aumentava minha responsabilidade naquele jogo, mas eu confiava nas *Entidades Superiores* que me acompanham e acreditava em minha experiência passada.

Veio o jogo e logo no início senti que o Corinthians estava muito bem. Eu suava muito e meus nervos estavam à flor da pele. Minha ansiedade era muito grande e ela aumentou mais ainda quando o Fluminense abriu o placar por **Carlos Alberto** (*Pintinho*), com 1x0 para eles. Foi uma ducha de água fria, mas eu ainda estava confiante que algo de bom iria acontecer. Na ocasião do gol, o Presidente Matheus olhou para mim e disse:

"*E agora, como vai ser?*"

Respondi de pronto: "*Presidente, o jogo não acabou, vamos confiar*".

Naquele momento, apelei novamente aos meus *conhecimentos espirituais* para que algo de bom acontecesse e ouvi minha entidade, o "**Exu Rei**", dizer-me que durante o intervalo do jogo eu deveria usar certos *Pontos Astrais* na saída dos vestiários de modo que todos os jogadores dos dois times passassem por cima ao retornarem para o segundo tempo. E assim foi feito.

O time do Corinthians veio revigorado. **Wladimir** (jogador muito bom pela lateral esquerda), **Zé Maria**, **Russo** e o goleiro **Tobias** estavam radiantes. Os demais jogadores desempenharam bem seus papéis em campo. E foi numa jogada bem planejada que Russo (*Beijinhos*) marcou o gol de empate (1×1), e o placar ficou assim até o final do jogo.

Veio a decisão nos pênaltis, como havia previsto seu *"Exu Rei"*. Meu coração entrou em ritmo acelerado e quase não tive coragem de assistir a cobrança das penalidades.

Os antigos corintianos ainda se lembram daquela tarde memorável. Ganhamos o jogo nos pênaltis com uma atuação fantástica do goleiro Tobias e uma dose muito grande de *Sorte*. Saravá seu *"Exu Rei"*.

Não posso deixar de ressaltar que a classificação do Corinthians para a final do *Campeonato Brasileiro* deveu-se aos méritos de seus jogadores, do técnico Duque, da comissão técnica, do Presidente Vicente Matheus e de muitos outros abnegados torcedores, bem como as *torcidas uniformizadas*, valendo sempre o apoio da "GAVIÕES" e das *"Ajudas Divinas"*.

Gostaria de deixar registrado aqui o empenho grandioso de **D. Marlene Matheus**, corintiana nata, do **Sr. Isidoro Matheus**, **Sr. René**, do estimado amigo **José Eduardo Savoia** (filho) e de outros *corintianos* que sempre me trataram com respeito e dignidade.

Internacional × Corinthians

FINAL DO CAMPEONATO BRASILEIRO – 1976

Depois da classificação do Corinthians em cima do Fluminense, a partida final seria contra o Internacional de Porto Alegre, no domingo seguinte. Voltei na segunda-feira do Rio de Janeiro, feliz da vida pela classificação, e no mesmo dia fui ao *Parque São Jorge* combinar com o Presidente Matheus minha ida para Porto Alegre, juntamente com os meus auxiliares.

Entrei em sua sala de trabalho, em horário secreto e reservado. Digo isso porque todos estes trabalhos de *MAGIAS* estavam sendo mantidos no maior sigilo possível, fugindo assim de toda a Imprensa e de certas interpretações errôneas sobre o assunto. Uns acreditam no *Espiritismo*, outros não acreditam, mas respeitam e tem aqueles que, além de não acreditar, não respeitam (principalmente os *Atletas de Cristo*). Os únicos que sabiam dos meus *Trabalhos* e *Missão* eram o jornalista Eduardo Savoia (filho) e alguns integrantes do Corinthians.

O Presidente Matheus, ao me receber, estava muito feliz pelo feito no Maracanã e bastante esperançoso por uma vitória contra o Internacional. Logo ele foi dizendo:

"**Pai Guarantã**, *estamos com um grande problema nas mãos quanto a sua ida para Porto Alegre. Com a classificação do Corinthians, as empresas aéreas não têm mais lugares em seus voos comuns para o Sul e, com a nossa vitória no Rio, milhares e milhares de corintianos reservaram suas passagens para Porto Alegre hoje de manhã. Tentei de tudo e, apesar da minha influência nesse tipo de empresa, nada consegui. A única solução é você e seus auxiliares viajarem de carro.*"

Alugaram um carro importado e todo equipado, com ar condicionado e até motorista estradeiro, bem experiente naquele longo percurso de ida e volta e de minha total confiança. Era um luxo para a época.

Saímos para Porto Alegre bem cedinho, aproveitando o ótimo horário para uma viagem tão longa e cansativa, mas, pelo Corinthians, todo o sacrifício é válido. Paramos num posto para abastecer e almoçar e quando fui lavar as mãos notei que ao lado do banheiro tinha uma *gruta* com uma Santa. Era **Nossa Senhora de Lourdes**. Aproveitei para rezar, pedindo graças e proteção à nossa viagem.

Chegamos a Porto Alegre à noite e fomos direto para o Hotel Everest, local escolhido para abrigar a *Delegação do Corinthians* que chegaria sábado à tarde num voo fretado. No dia seguinte, depois do café da manhã, saí com meus assistentes a fim de avaliarmos o que seria melhor para **o Corinthians** durante o confronto com o Internacional. Demos diversas voltas em torno do Estádio Beira Rio para sentirmos as *Energias Contrárias*, almoçamos no próprio local que tem a famosa Churrascaria SACI, e depois voltamos ao hotel para um pequeno descanso.

Na sexta-feira à noite fomos dormir cedo, pois estávamos muitos cansados devido à árdua caminhada do Campeonato, mas de jeito nenhum consegui pegar no sono. Parecia que tinha um peso no corpo, tentei dormir e nada. Aí, chamei a *entidade* **"Pai Mané"** (*Preto-Velho*) por meio de um dos meus ajudantes espirituais, e relatei o fato a ele que de pronto disse:

*"***Pai Guarantã***, é uma entidade que você não conhece e que quer se comunicar através do seu corpo para trazer uma mensagem de grande importância."*

Obedecendo a sua determinação, afirmei meu pensamento aos *Grandes Mentores Espirituais* e incorporei uma *Entidade* por mim desconhecida e totalmente diferente da minha *Linhagem Espiritual*. Ela se fez presente dizendo que o Corinthians perderia o jogo por 2×0 e que o título iria por "ÁGUA ABAIXO".

Quando terminou a inesperada *sessão* e, voltando ao meu *"Estado Natural"*, o *"Pai Mané"* chegou a mim e comentou o ocorrido. Fiquei bastante apreensivo com a notícia da derrota para o Internacional depois de tantos sacrifícios rumo ao título. No sábado à tarde chegou a delegação do Corinthians, no horário estabelecido (17 horas) e junto com ela toda a Diretoria, alguns Conselheiros, alguns torcedores e o amigo jornalista SAVOIA.

Deixei passar uma hora e fui até o apartamento do técnico DUQUE revelar o estranho acontecimento surgido na sexta-feira em relação ao placar de 2×0 para o Internacional. O técnico ficou chocado com a notícia e disse que o time estava bem preparado e que nós *"iríamos para o pau"*. Ainda cabisbaixo, abraçou-me pedindo para que eu tentasse reverter este placar desfavorável ao Corinthians e me relembrou que todos os sacrifícios não eram em vão.

Reuni os médiuns em meu apartamento, tentando a todo custo encontrar no *Campo Espiritual* um jeito de quebrar aquela previsão negativa. Como de costume, às 22 horas, fomos para um local apropriado do hotel para darmos andamento aos nossos *Rituais Espirituais* e novamente houve a incorporação daquela entidade que previa a vitória do Internacional por 2×0, e que acrescentou outro problema mais sério quando disse que alguém do lado do Internacional iria contaminar o vestiário do Corinthians com preparados químicos e outras coisas mais, prejudicando assim os jogadores que poderiam ficar intoxicados.

No dia do jogo (domingo), quando o roupeiro chegou ao vestiário do Corinthians, não conseguiu entrar tamanho o mau cheiro que havia lá. O jeito foi ir para o terceiro vestiário que era pequeno e sem espaço para o devido aquecimento e outros preparativos tão necessários a uma equipe de futebol.

Estava aí aberta uma lacuna para o Corinthians "*MELAR*" aquele jogo, comprovando que elementos estranhos tiveram acesso ao seu vestiário oficial, espalhando ali certos produtos químicos com intenção clara e evidente de prejudicar os jogadores e sua Comissão Técnica.

Em cinco minutos, o Presidente Matheus soube do ocorrido e foi ao vestiário confrontar o caso, pois o cheiro era tão forte que alguns jogadores se sentiram mal. Naquele instante, ele me chamou procurando encontrar uma saída para o foro e perguntou: "**Pai Guarantã**, *o que vamos fazer?*"

Respondi: "*Presidente, já que surgiu este impasse, não conheço as leis esportivas e jurídicas, mas dentro do "ACIDENTE" premeditado o Sr. pode optar pela não realização da partida, já que houve a intenção do adversário em prejudicar o time utilizando recursos escusos, e nós temos que levar em conta aquela previsão negativa.*"

Naquele instante, o Presidente Matheus frisou as sobrancelhas e falou: "**Pai Guarantã**, *estou vendo a* *torcida corintiana que veio aqui com muito sacrifício e, em atenção a ela, vamos realizar a partida."*

Quando o jogo começou, tentei a última cartada tentando neutralizar as *Energias Opostas* em campo pelo time rival. Fiquei atrás do gol do **Manga** (goleiro do Internacional naquele ano), mas nada adiantou, mesmo com o Corinthians jogando bem, mandando duas bolas no travessão e alguns gols perdidos pelo jogador **Neca**, o goleiro MANGA fechou o gol e perdemos o título e o jogo por 2x0 de acordo com a previsão passada.

Fiquei muito chateado com a derrota e outros acontecimentos surgidos depois daquele jogo, mas no fim valeu, o Corinthians era *VICE-CAMPEÃO BRASILEIRO* de 1976.

No ano de 1976, durante minha passagem pelo Corinthians como *Guru Espiritual*, sempre tive o carinho e respeito de muitos corintianos da *Velha Guarda*, do querido Vicente Matheus e de sua estimada esposa D. Marlene Matheus (uma grande guerreira corintiana) e do saudoso Isidoro Matheus. Os três juntos formavam uma imbatível *Muralha* a favor do *"Time Mosqueteiro"*.

Creio assim que cumpri minha *Missão Espiritual* no Clube, com amor e dignidade, e tenho a certeza que abri com os trabalhos de *Magias* as portas de um novo horizonte aos caminhos futuros do Corinthians, pois em 1977, contra a Ponte Preta da cidade de Campinas, a *Maldição* foi quebrada, o *Tabu* veio por terra com aquele *gol salvador* do querido **Basílio**, aos trinta e sete minutos do segundo tempo, dando ao Corinthians o título de *Campeão Paulista de 1977*.

Minha passagem no Guarani F.C.

1978

Depois de cumprir meus *Trabalhos de Ajudas* ao Corinthians, fiquei quase um ano sem prestar meus serviços de *Magias* aos clubes de futebol, apesar de muitas propostas de outros times do Futebol Brasileiro, mas quis o *"Senhor Destino"* que eu fosse parar no Guarani Futebol Clube da cidade de Campinas – SP.

Estava eu esperando na porta do Prédio da F.P.F. (*Federação Paulista de Futebol*) por um amigo e árbitro de futebol, muito famoso e polêmico pela sua maneira de apitar. Seu nome era **Roberto Nunes Morgado**, apelidado pelos amigos carinhosamente de *"Pantera Cor de Rosa"*, que infelizmente já se foi do nosso convívio.

Assim que ele chegou, fomos tomar um café e no trajeto encontrei um amigo, que por uma questão de ética vou ocultar seu nome verdadeiro e me referenciar a ele como **Sr. Chaves**. Bem, ele era uma pessoa muito influente tanto na F.P.F. (*Federação Paulista de Futebol*) como na Diretoria do Guarani. Depois de conversamos sobre os velhos tempos, ele foi ao assunto:

*"**Pai Guarantã**, você não gostaria de ajudar o Guarani de Campinas que neste Ano (1978) está qualificado a disputar o Campeonato Brasileiro? E não me enrola porque eu sei que com suas ajudas de "MAGIAS" o time do Guarani poderá chegar lá."*

Senti que era hora de voltar a atuar em mais um desafio em minha vida como forma de comprovar a existência de certas *Energias Positivas* dentro do Futebol e da nossa vida em geral.

Viajei com o Sr. Chaves numa segunda-feira para Campinas a fim de estabelecermos o primeiro contato com a diretoria do Guarani, encontro que já havia sido agendado anteriormente.

Entrei na sede administrativa do Guarani. Um prédio modesto localizado dentro do estádio e logo fui apresentando ao **Sr. Ricardo** e a seu Diretor **Sr. Michel**, ambos mandatários máximo do clube. Imediatamente, o Sr. Ricardo perguntou:

"Você acredita mesmo que podemos ganhar este título? Quais são as chances que você acha que o Guarani tem nesse Campeonato Brasileiro?

Respondi: *"Sr. Ricardo, todos os times nesta disputa têm chances de serem campeões, isso depende do desempenho do time e de certos fatores que envolvem uma energia muito grande."*

Ele então perguntou: *"E quais são as energias que podem nos ajudar nesta conquista?"*

Novamente respondi: *"Elas são implantadas espiritualmente no próprio local, ou seja, no Estádio 'Brinco de Ouro', sede do Guarani, mas eu aviso que estas 'Magias' devem ficar até o final do Campeonato e devem permanecer sempre iluminadas, vivas."*

Então ele deu um profundo suspiro, abriu um sorriso e disse:

"Eu sinceramente não conheço tais energias, mas sei que existem dentro do Futebol e sei que com toda a sua experiência nesse assunto você é a única pessoa que pode nos ajudar a conquistar esse sonho para o Guarani. Sinto que vai dar certo."

As palavras de otimismo e esperança por um resultado positivo deixaram-me muito feliz. Vi nele um homem de grande capacidade e arrojo. Fechamos, naquele mesmo dia, um acordo simbólico de *"Ajuda Mútua"* ao time do Guarani neste Campeonato. Recordo-me muito bem de sua figura educada e inteligente, típico de pessoa fadada ao sucesso.

Naquele tempo eu não conhecia profundamente os jogadores do Guarani e nem o seu técnico **Carlos Alberto Silva**. Solicitei ao Sr. Ricardo que me fornecesse os nomes e as datas de nascimento de cada jogador escalado para o Campeonato. De posse dos nomes e de todos componentes de sua Diretoria, retornei a São Paulo.

Os estudos dos jogadores

PREPARAÇÃO ADEQUADA

Em meu *Centro Espírita*, comecei a estudar nome por nome dos jogadores do Guarani, avaliando assim suas energias, possibilidades e os seus desempenhos futuros no time. É necessário também um estudo profundo da vida particular de cada um, pois o jogador, quando tem alguém em sua família (mãe, pai, irmãos, filhos, esposa) com problemas de saúde, isso reflete em sua produção em campo. Muitas vezes, quando a *carga negativa* é enviada para o jogador e ele está fortalecido, ela percorre o seu *círculo mais próximo* e pega em quem estiver fraco. Depois de terminar o estudo, analisei com bastante atenção e calma o potencial de cada atleta no torneio, inclusive suas *energias positivas*. As *negativas* eu já sabia como rebatê-las.

Todos esses estudos demoraram três dias para a sua conclusão final, mas eu já sabia quais os esquemas a serem "Montados" no Guarani e que tipos de *"Magias"* e *"Assentamentos Espirituais"* deveriam ser aplicados em forma de *"Ajudas"*. Retornei à Campinas bastante esperançoso, eu sabia que nada poderia impedir o Guarani de realizar uma campanha brilhante e positiva no **Campeonato Brasileiro de** 1978 (este nada se refere à parte negativa).

De posse da verba comprei os materiais de trabalhos e no próprio clube, em uma sala escolhida por mim, montei os *Pontos de Magias*, procurando assim dar ao time do Guarani uma consistência positiva e marcante nos seus jogos futuros.

Ao aceitar os *Trabalhos de Ajudas* eu sabia de antemão da minha responsabilidade no assunto e era mesmo um grande desafio em minha vida, porque o Guarani, apesar de ser um clube revelador de grandes jogadores, era um time intermediário no cenário futebolístico do Brasil naquele momento.

A sala que escolhi no clube era bastante espaçosa e de fácil acesso. Depois de lavá-la com as *Águas Sagradas* (mar, cachoeira, mina, orvalho, etc.), desimpregnei-a (um tipo de trabalho para a retirada de *Cargas Negativas*, deixando assim as *Energias Positivas* reinando). Estava tudo pronto para o início dessa grande jornada futebolística. Aí nascia uma *Egrégora das Forças Superiores*. Agora era com os jogadores e seu técnico.

No decorrer dos jogos, o Guarani mantinha uma regularidade espantosa na tabela de classificação e houve neste ínterim o surgimento de dois jogadores fantásticos: o **CARECA**, oriundo das *Equipes Menores*, e o fabuloso **ZÉ CARLOS**, vindo do Cruzeiro de Minas Gerais, que em conjunto com os demais jogadores, Nenec, Mauro, Miranda, Capitão, Renato, Pemucho, o grande Zenon e o querido Bozó, formavam um conjunto do mais alto gabarito.

Todos esses jogadores citados que formavam a base do time do Guarani levavam uma tremenda fé em meus *Trabalhos Espirituais*, porque eles sabiam que era uma força a mais nos seus objetivos. Com o apoio da Diretoria e de alguns Conselheiros do Clube, pude trabalhar com as *Magias* em paz, para que o sucesso do time fosse *Positivo* e, no decorrer do campeonato, fui me familiarizando com outros "*Bugrinos*" e entre eles uma família notável: O Sr. ANTONIO TAVARES, sua esposa e filho.

Era um campeonato longo e difícil, o Guarani vinha "correndo por fora", alternando boas e más atuações, e às vezes, eu era cobrado pela Diretoria naquele velho refrão: – *Será que o time vai ser mesmo campeão?* Eu não ligava para isso, ia em frente com meus trabalhos e à minha maneira ia tocando o barco para frente, sabendo que no final tudo daria certo. Nunca hesitei nas intuições emanadas de *Minhas Entidades* e isso me deixava seguro e tranquilo.

Eu morava mais em Campinas do que em São Paulo e foi um sacrifício, nos meses seguintes, manter toda a *Dieta Espiritual* necessária. Não podia comer carnes vermelhas, só branca, nem ingerir bebidas alcoólicas e, além de muitas outras restrições, nada de sexo. Era uma *Missão* que exigia muita *determinação*, mas no fundo do coração, tinha a plena convicção de que a paga viria.

Para cada jogo era necessária uma preparação adequada e o principal era zelar devidamente de cada "*Firmação*" feita. Todos os dias eram renovados os "*Pontos de Ajudas"* e, nos *"Assentamentos de Anjos da Guarda"* dos jogadores, eu sempre fixava a melhor proteção aos pontos fracos de cada um. É evidente que a equipe técnica e membros da Diretoria também estavam *firmados* para haver sempre uma harmonia e *positividade coletiva*. Era uma união de forças e dinamismo.

O Guarani chegando às finais

NESTE MATO TEM COELHO

Estava o Guarani classificado nas quartas de final do *Campeonato Brasileiro*, e só faltavam mais seis jogos para ele conseguir este inusitado título de campeão, apesar dos ótimos desempenhos do Palmeiras, Vasco da Gama e do Internacional do Rio Grande do Sul. Eu levava muitas esperanças no time do Guarani, que já ele chamava a atenção da imprensa por estar sendo uma revelação. Chegar às *Quartas de Final* já seria uma grande vitória, mas no fundo do meu coração eu acreditava piamente que ele seria campeão de 1978.

Lembro-me perfeitamente que nas *Oitavas de Final* o Guarani qualificou-se para jogar contra o Sport de Recife, um time certinho e difícil de ser batido em seus domínios. O encontro seria no sábado. Viajei para Recife numa quarta-feira. Era meu *Ritual* costumeiro viajar três dias antes da cada partida.

Hospedei-me no Hotel São Domingos, local escolhido por mim, pelas suas *Energias Positivas* e sua ótima administração na época. Na quinta-feira, depois do café da manhã saí com meu auxiliar **Paulo** (*Uriquitã*) em direção a uma praça, bem em frente ao Hotel, sentei-me em um banco de jardim e comentei:

"**Paulo**, *necessitamos sentir o clima deste jogo contra o Sport e temos que conseguir todas as informações possíveis. É muito importante saber se eles têm alguém ajudando espiritualmente.*"

Sentado naquele banco, comecei a mentalizar pedindo às "*Forças Superiores*" alguma *intuição* de como começar a nossa jornada em Recife. Eu sabia da importância da partida. Se saíssemos de Recife com uma vitória, seria mais fácil o próximo jogo em Campinas, no nosso campo, com nossa torcida e em nosso *Reduto Espiritual*. Tudo isso nos beneficiaria.

Quase tudo estava certo, porém eu sentia que *Trabalhos Contrários* estavam sendo feitos em grande quantidade e era vital descobrir qual "*Pai de Santo*" e que tipo de *Firmações* ele estaria fazendo contra o Guarani.

O taxista Raimundo

UM INFORMANTE BOA-PRAÇA

O *Fator Perceptivo* (*sorte*) estava do nosso lado, graças a Deus, e passou cerca de uma hora quando meu auxiliar **Paulo** travou um relacionamento com um motorista de táxi de nome **Raimundo**. Ele era um caboclo bem afeiçoado, muito educado, solícito e um fanático torcedor do Santa Cruz, time inimigo do Sport e do Náutico. Fomos almoçar juntos em uma peixaria, pois, como já comentei, naqueles momentos eu só comia carne branca.

Depois de um acordo financeiro, aluguei o táxi do **Raimundo** até sábado para ficar à nossa disposição, quando, de repente, me surgiu uma ideia e perguntei ao taxista:

"**Raimundo**, *será que dentro do* Sport *não tem um Pai de Santo que esteja fazendo Trabalhos Espirituais para eles?*"

E ele respondeu: "*Olha,* **Pai Guarantã**, *agora que o Senhor comentou 'alembrei' que já ouvi falar da existência de um que mora em Olinda. Dizem até que ele é muito forte em suas Macumbas (Despachos) e é sempre requisitado pelo* Sport *em jogos importantes.*"

Com o passar do tempo, nossas falas se tornaram mais íntimas e positivas e chegou um momento em que eu tive de abrir o jogo com ele, esclarecendo que a nossa missão em Recife era de *cunho espiritual*. Expliquei que fazíamos parte da Delegação do Guarani que no próximo sábado enfrentaria o time do Sport. Ele encarou a conversa com muita naturalidade, até se prontificou de imediato a nos ajudar e disse:

"***Pai Guarantã***, *pode contar comigo em tudo que necessitar e tenha certeza de que à tarde o Senhor vai ter o endereço deste Pai de Santo de Olinda.*"

Dito e feito, à tarde o **Raimundo** me procurou no hotel, com o nome de um terreiro e a sua localidade.

Pai de santo de Olinda

PONTOS CONTRÁRIOS

No dia seguinte, bem cedo, fomos em direção a Olinda conhecer o tal terreiro, e no caminho expliquei para o **Paulo** e ao nosso cicerone **Raimundo** o porquê da nossa ida àquele local. Quando chegamos, entrei sozinho para examinar o ambiente e verificar se aquele *Pai de Santo* estava mesmo "*trabalhando espiritualmente*" contra o Guarani.

Naquela fase do campeonato todas as medidas possíveis ou impossíveis eram válidas e elas tinham que ser tomadas de imediato; um só erro poderia ser fatal às pretensões do Guarani. Então, bolei uma estratégia meio "*diabólica*", criando um motivo para minha visita. Em frações de minutos veio em minha mente um plano convincente e perspicaz. Naquela altura dos acontecimentos eu não tinha outra saída e sabia que o referido "*Pai de Santo*" poderia não entrar em minha conversa, mas, guiado por uma intuição muito forte, coloquei o citado plano em andamento.

Fui recebido por uma *Yao* (filha de santo do terreiro), que pediu para que eu aguardasse que ela iria chamar o "**Pai Obitã**". Passados alguns instantes, surgiu o "*Pai* *de Santo".* Era uma pessoa de baixa estatura e de aparência muito sisuda. Estava vestido de uma forma inusitada para mim no que tange os rituais da umbanda ou do candomblé, era uma roupa com uma mistura colorida e cheia de bordados estranhos. Ele ainda estava com muitas *Guias* (colares) no pescoço e forrado de correntes e braceletes de ouro. Ele me cumprimentou e perguntou no que poderia ser útil. Respondi:

"Eu sou de São Paulo e o assunto que me traz aqui é muito sério e difícil. Sei de suas Forças e dos seus Poderes Espirituais em Ajudas Impossíveis. Eu tenho, no Rio de Janeiro, um tio muito rico e ele tem um filho único, infelizmente viciado em drogas. O garoto tem 20 anos e no fundo é bem educado e estudioso, mas as malditas drogas estão acabando com ele. Então, meu tio me incumbiu de contratar seus Serviços Espirituais, na retirada deste vício."

Naquele instante, *"Pai Obitã"* me conduziu para uma saleta reservada em que havia duas cadeiras entalhadas em madeira e uma mesinha com uma peneira, muitos apetrechos místicos e búzios. Era o quarto de *"Ifá"* (Oráculo Africano) e eu sabia o que se seguiria. Ele alegou que só os *búzios* poderiam responder o que eu precisava e continuei com a encenação fornecendo dados que ele foi me pedindo, como nome, data de nascimento, etc. Já sentados, ele começou a *jogar* várias vezes e disse:

"De fato, é um caso complicado que se passa com seu tio e com o filho drogado, mas é difícil ajudá-lo. Com minhas Forças Espirituais posso retirar este vício das drogas. São trabalhos difíceis e prolongados e no

fim tudo vai dar certo, mas não sai barato, esses trabalhos requerem muitos Ebós (Oferendas aos Orixás) e para retirar as demandas teremos que trabalhar com Magia Forte que requerem muitas Prendas aos Exus."

Concordei com tudo que ele disse, pois fazia parte da estratégia de cativá-lo. Ele me deu um preço bem salgado para fazer os tais *Trabalhos* e me pediu metade do valor adiantado. Paguei em dinheiro vivo na hora para deixá-lo contente e confiante em mim e, quando senti que era o momento certo, entrei com o meu "CHAVÃO":

"Olha, as pessoas que o indicaram me contaram muito de suas proezas e competência em citados Trabalhos de Magia. É verdade que o Sr. presta Serviços Espirituais a diversos times de futebol aqui no Nordeste? Pois no Rio de Janeiro a sua fama é comentada aos quatro cantos e dizem que o time que o Sr. trabalha vira sempre campeão."

"Pai Obitã" respondeu imediatamente, com um sorriso de soberbia no rosto:

"Sim, é tudo verdade o que você ouviu. Neste momento, por exemplo, estou traçando os "PAUZINHOS", fazendo um trabalho de amarração para o SPORT de Recife derrotar o Guarani de Campinas no sábado à noite e o Sr. pode ter certeza que o time do Guarani não vai andar em campo. É bem parecido com os trabalhos que terei que fazer para o seu primo com relação às drogas, QUER VER?"

Pronto, ele tinha *caído na rede,* mas eu ainda precisava saber onde e como o *"Pai de Santo"* havia feito os trabalhos. Respondi de pronto que por curiosidade adoraria *VER,* se fosse possível, e ele pegou no meu braço e me conduziu a uma sala enorme, cheia de TRABALHOS DE AMARRAÇÃO contra o time do Guarani. Observei em silêncio o *posicionamento* de todos os trabalhos durante alguns minutos, memorizando o máximo possível. Havia muitos *alguidas* (vasilhas de barro) com as mais variadas comidas de Santos, muitas frutas, bebidas, matanças diversas cravadas por punhais, apetrechos de Magia, pontos cabalísticos riscados, centenas de velas de 7 dias, vários *assentamentos* em ferro, etc. Logo ele me retirou da sala e ficamos na recepção, onde me ofereceu um refresco. Recusei, alegando pressa em voltar para o hotel. Agradeci pela acolhida, dizendo que logo daria notícias e fui embora.

Na volta para o hotel fui comentando o ocorrido com o Paulo e com o Raimundo. Disse que consegui ver tudo, até os *Pontos Contrários* e outros que iriam impedir uma boa atuação do Guarani na partida. Eram mesmo trabalhos de MAGIA NEGRA.

Desmanchando a Magia Negra

CÍRCULO MÁGICO

Agora vinha a parte mais difícil. Tinha que neutralizar os trabalhos, quebrando seus efeitos fetichistas e suas negatividades em cima do time do GUARANI, então pedi a Raimundo que me indicasse uma floricultura para comprar diversos tipos de flores.

Precisava de muitas rosas, cravos vermelhos e brancos, os quais seriam jogados no mar como parte inicial do ritual de desamarração, e seriam oferecidos, pedindo a *Yemanjá* e ao nosso poderoso *Ogum Beira-Mar* a permissão de anular as *Forças Contrárias*. Meu objetivo imediato era quebrar o "DESPACHO" feito pelo tal de "Pai Obitã" e dar mais energias ao Guarani.

Era uma sexta-feira e a noite estava majestosa, nos presenteando com um luar inigualável. Paramentei-me de branco em respeito ao ritual, coloquei minhas Guias Imantadas (Contas), que só uso em ocasiões difíceis, e pedi à minha equipe para levar todas as minhas *Ferramentas de Ogum*, incluindo minha *Espada Sagrada*.

Senti naquele momento, uma vibração tremenda que me deu a certeza de que a *Licença* desejada seria concedida.

Nestes trabalhos, cada detalhe se torna importante, desde o horário certo de se iniciar, a corrente e firmeza da equipe, até a limpeza do local antes de iniciar, pois estamos falando em um local público que poderia estar *contaminado* por *outras forças*.

Fomos para a Praia da Boa Viagem, bem no seu início e perto de um casarão antigo e abandonado. Preparamos a areia devidamente, criando um *Círculo Mágico* para os trabalhos, e *desimpregnei energeticamente* os limites do espaço que usaríamos. Fixei os Pontos de Segurança e os *Pontos Astrais* e, em seguida, senti a presença marcante do *Meu Mentor*, "**Caboclo Guarantã**", me pedindo para enterrar a minha *"Espada Sagrada"* como oferenda a *Ogum Beira-Mar* no meio do *Círculo Mágico*. Assim foi feito. Iniciei prontamente os trabalhos às 22h00, horário propício às *entidades* que seriam evocadas.

Os trabalhos duraram cerca de quatro horas, pois o ritual era complexo em sua execução, todos os jogadores e a equipe técnica, um a um deveriam ser descarregados e energizados novamente, incluindo o treinador Carlos Alberto Silva, que talvez fosse o mais visado de todos. Acendemos mais de 300 *velas de carnaúba* e mais de 100 velas vermelhas e azuis especiais para o *Rito*. Todo o chão do Círculo mágico foi forrado com pétalas de rosas brancas e regadas com sumo de *21 Ervas Sagradas*. Várias de *minhas entidades* se manifestaram durante o trabalho e fizeram suas *"Magias"*. No final, aguardamos até a chegada das *Ondas Sagradas* de *Yemanjá* (mistérios de permissão pouco conhecidos pelos umbandistas) e entregamos as centenas de cravos vermelhos e brancos, cada um deles com um pedido de força e segurança ao time do *Guarani*.

Quando tudo terminou, eu estava exausto e percebi algumas coisas diferentes e curiosas. As velas se mantinham acesas, apesar do vento, as ondas invadiam a areia e não penetravam no nosso *Círculo Mágico*, havia pássaros perto do trabalho sem demonstrarem medo da nossa presença, o ar estava denso e parecia que estávamos em outro mundo. Senti que a mão de *Deus Pai Todo-Poderoso* havia nos tocado. Estávamos todos alegres e realizados com os trabalhos. Ajoelhei e agradeci a *Deus* por todo conhecimento e mediunidade que me concedeu e pela oportunidade de servir aos seus propósitos, pois tenho *Fé* que nada se realiza sem sua permissão. *Saravá, Meu Pai!*

Já estava amanhecendo quando retornamos ao hotel. Estávamos cansados, mas felizes com a missão cumprida. O taxista *Raimundo* estava radiante e não parava de falar no que tinha visto nos trabalhos, estava entusiasmado, e ao se despedir comentou:

"**Pai Guarantã**, *sei que é pedir demais, mas será que não dá pro Sr. pedir para os Espíritos abrirem uma exceção e permitirem que o Guarani ganhe de uns 6x0 do SPORT, só para eles verem o que é bom?"*

Nem dei ouvidos ao que ele disse e fui dormir.

O jogo contra o Sport

UM JOGO SOLENE

No sábado, dia do jogo contra o *SPORT*, depois do café da manhã, fui conversar com o Jogador *"BOZÓ"*, que era meu elo com os demais jogadores do *Guarani*. Comentei com ele certos cuidados que deveríamos ter durante o jogo e que todos deveriam ter uma determinação muito forte e muita *Fé*. No jogo estavam lançadas nossa *"SORTE"* e todos os sacrifícios desprendidos neste campeonato.

Veio o Jogo. Era um sábado à noite, de um dia meio chuvoso. O estádio estava quase lotado pela torcida do *SPORT*, e na do GUARANI somente uns abnegados simpatizantes e alguns do Santa Cruz, que o nosso taxista *Raimundo* arrumou.

Sem me intimidar, como sempre, preparei meu *Ritual de Proteção* no vestiário e firmei os *Pontos de Magia* em locais estratégicos. Quando se tem a sorte de conhecer o *mundo espiritual*, passamos a entender melhor o ditado: *"Cuidado onde pisa, pois cobra criada é madura"*.

Foi uma partida meio *"SOLENE"*. Parecia que a *Guerra Astral* estava equilibrada e tanto o *Guarani* como o *Sport* não jogavam bem, mas mesmo assim ganhamos o jogo de 2x0. Fiz uma prece aos nossos queridos *Orixás* por mais esta dádiva e fui ao mesmo local da noite anterior fazer as *Oferendas de Agradecimento* antes de voltar.

Quando me preparava para voltar para Campinas com minha *equipe de médiuns*, aconteceu um fato pitoresco e não tive dúvida de que vinha dos *porões do terreiro* de Olinda. Cada um dos meus assistentes começou a apresentar um *mal-estar diferente*. Um deles foi acometido de uma tremenda diarreia, o outro empipocou o corpo todo com uma alergia de pele, outro começou a ter inesperadamente dor de dente, outro apresentou enxaqueca e assim por diante. Todos estavam passando *muito mal* e eu precisava deles *inteiros* para as *preparações energéticas* do próximo jogo, então atrasei a viagem de retorno e tive que recorrer às *Falanges Competentes* para *descarregá-los*, e acabei fazendo um *Trabalho de Descarrego* no próprio hotel, onde por fim todos os funcionários acabaram participando e pegando uma *pontinha de Axé*.

Durante o voo de volta comecei a recordar do jogo de Recife e daquele *Pai de Santo* de Olinda. Como ele estaria agora? Fui inspirado por *uma energia vibratória* que me trouxe a grata *sensação de alívio* pela *vitória* e pela *determinação* desses *meninos tão dedicados. Se jacaré tem dentes perigosos, o time do Guarani estava cheio de garras de um verdadeiro TIGRE.*

O jogo de volta em Campinas

CAMPO DO GUARANI

O *jogo de volta* seria em Campinas, nossa casa. Agora eu estava mais tranquilo e esperançoso. Havia, no Estádio do Guarani, todas as minhas defesas já fixadas e seria muito difícil uma *Força Contrária* entrar para contaminar os jogadores. A Egrégora estava solidificada.

O meu maior trabalho desta vez não foi espiritual e sim psicológico para manter a equipe técnica em *alto astral*. Sempre tem aquele fulano pessimista e negativo que fica *"enchendo o saco"* dos outros e acaba gerando inseguranças e contaminando o ambiente. *Dói mais ser mordido pelo cão que você alimenta*. Tive que movimentar a Diretoria do Clube para anular certas pessoas que, para mim, eram *"paus vendidos"*.

O Guarani realizou uma grande partida. Os jogadores estavam todos calmos e confiantes. A bola parecia estar imantada em seus pés. A equipe se manteve unida e coesa nos dois tempos do jogo. GANHAMOS DE 4×0.

Tudo era festa. Aí me lembrei da previsão do nosso querido taxista de Recife Raimundo, dizendo que o Guarani ia ganhar de 6x0. Bem, usando uma brincadeira matemática, eu diria que somando os placares dos dois jogos, 2x0 lá, 4x0 em Campinas, deu os 6x0, o placar que ele pediu!!! *Salve* o grande Raimundo de Recife, torcedor fanático do Santa Cruz.

Para assombro da nação futebolística brasileira, estava o Guarani classificado para as *semifinais*. Em sua chave, caiu no sorteio o time do Vasco da Gama do Rio de Janeiro, um time que vinha muito bem no Campeonato Brasileiro e que contava no seu clube com as "*Ajudas Espirituais*" do seu massagista, "PAI SANTANA". Na outra chave classificaram-se os times do Palmeiras e Internacional de Porto Alegre.

Um confronto de Titãs

PAI GUARANTÃ × PAI SANTANA

Parecia um sonho, mas era uma realidade. O GUARANI, um time do bloco intermediário do futebol brasileiro, nas semifinais e jogando contra o poderoso Vasco da Gama, um clube veterano e do mais alto nível, tanto no futebol como em outros esportes.

O primeiro jogo seria em Campinas, em uma quarta-feira, e o segundo no Maracanã, em um domingo. Para o primeiro confronto contra o Vasco da Gama, o Guarani estava com o "ASTRAL" muito bom e seus jogadores esperançosos em uma bela atuação. Tudo era motivo de fé, mas a ansiedade era muita.

Na minha *Parte Espiritual* tudo corria bem, porém eu estava mais atento com o massagista, "Pai Santana", um respeitado "PAI DE SANTO" e *Mentor Espiritual* do Vasco na época.

A minha preocupação não era em vão, eu sabia que o "Pai Santana" tinha em seu auxilio diversos "PAIS E MÃES DE SANTO" do Rio de Janeiro, por isso tomei todos os cuidados necessários.

No primeiro jogo, em nossos domínios (Campinas), como prevenção criei uma "Estratégia" bem forte. Reuni auxiliares escolhidos a dedo para ajudar-me nos *Trabalhos de Proteção* ao time do Guarani que deveriam ser efetuados no vestiário do visitante, "Vasco da Gama" à meia-noite, horário da quarta-feira do dia do jogo.

Às 23h30 de terça-feira entrei no vestiário em que ia ficar o time do Vasco, com o objetivo de neutralizar qualquer tipo de *"Magia"* do "Pai Santana" que pudesse prejudicar o Guarani, e fiz os *"Pontos de Segurança"* necessários. Os trabalhos duraram quatro horas e eu tinha que cumprir o último *Ritual* de "*Benzimento do Campo*", com sal grosso, evitando assim outras "*Demandas*".

Usei no *Ritual* 10 (dez) sacos de 60kg de sal grosso por ordem do "*Exu Rei*", que recomendou que nenhum espaço ficasse descoberto. Espalhamos o sal por todo o campo, pedacinho por pedacinho, um poderoso protetor contra as "*Energias Negativas*". Quando terminei, retornei ao hotel para descansar e dormi até o meio-dia.

A caveira de uma cabeça de porco

UMA GUERRA PSICOLÓGICA PENSANTE

No dia do jogo a adrenalina estava lá em cima e grande era a ansiedade. Estava em jogo a passagem do Guarani para a Final e eu sentia enormes esperanças de uma grande atuação do "BUGRE".

Quando cheguei ao estádio "Brinco de Ouro", fui direto para a minha *Sala de Trabalho*, utilizada durante todo o campeonato com respeito e veneração. *Acentei os pontos com velas brancas e vermelhas, iluminei e reforcei a mesa dos ANJOS DA GUARDA dos jogadores do Guarani, mais a do técnico Carlos Alberto Silva, para que ele, no decorrer da partida, tivesse as mais POSITIVAS INTUIÇÕES nas jogadas e nas substituições corretas.* Na saída da sala encontrei-me com um encarregado do campo, que cuidava muito bem da grama. Era um senhor muito atencioso e educado, que logo comentou...

"***Pai Guarantã***, *eu não sei o que aconteceu, o gramado amanheceu todo "AMARELADO", o senhor sabe como isto é possível?"*

É evidente que eu sabia o motivo, mas me manquei e fiquei quieto.

Dei uma saída do clube como o objetivo de me descontrair um pouco, porque naquela altura do campeonato eu me sentia muito cansado, devido à maratona dos jogos, viagens e outras coisas, além de ter que cumprir minhas obrigações com meus filhos de santo no meu terreiro em São Paulo. Necessitava urgentemente recompor minhas energias para o jogo daquela noite.

E vejam que a força do destino estava do meu lado. Ao passar em frente a um AÇOUGUE, fiquei irradiado com o "**Exu Rei**" e notei que havia *uma caveira de uma cabeça de porco* pendurada em cima da entrada principal do estabelecimento. Entrei e fui direto ao dono do açougue, perguntando se ele queria vender a caveira e quanto queria por ela. No início ele relutou, mas a minha força de vontade era convincente e ele acabou me vendendo a dita "CAVEIRA". A minha intuição era colocar a caveira na mesa do vestiário do Vasco, num "EFEITO PSICOLÓGICO" para ver a reação do "Pai Santana".

Retornando ao estádio do Guarani, Brinco de Ouro, fui direto ao vestiário do visitante Vasco e, como eu possuía as chaves, não foi difícil colocar em cima da mesinha a tal caveira. Saí e aguardei do lado de fora a chegada do roupeiro e também do "Pai Santana" (eram 17h00).

Às 18h00 em ponto chegou o famoso "Pai Santana" com seus auxiliares e mais duas pessoas. Eu e o Paulo estávamos do lado de fora do vestiário do Vasco, de campana, para ver o que ia dar. Não demorou muito e o inevitável aconteceu. Começamos a ouvir o "Pai Santana" aos berros, dizendo:

"Zeca, isso aqui é "MACUMBA DA PESADA", vá pegar minha maleta na perua, para destruirmos estes trabalhos. Depressa, depressa".

Ele ficou tão apavorado que não parava de gritar palavrões. Estava assim criado um clima "PSICOLÓGICO" entre "**Pai Guarantã**" e "Pai Santana", era uma GUERRA extra campo, *ele* de um lado com o Vasco e *eu* do outro com o Guarani.

Quero esclarecer que a CAVEIRA não tinha nada a ver com qualquer tipo de Trabalho Espiritual, era somente um método para desestabilizar as *Energias* da equipe vascaína, principalmente as do "Pai Santana". COISAS DE EXU.

Desespero do Pai Santana

QUEIMA PÓLVORA NO CAMPO

Todos esses *Trabalhos de Ajudas* aos times de futebol, às escolas de samba e empresas sempre são feitos de um modo secreto e discreto. É necessário agradar *gregos* e *troianos* sem chamar muito a atenção da mídia em geral, mas o clima psicológico que reinava naquele momento era tão forte que fez com que o Pai Santana perdesse a *estribeira* e se descuidasse um pouco.

Faltavam uns dez minutos para a partida começar, quando o "Pai Santana" afobadamente dirigiu-se ao meio do campo, bem na marca da bola, colocou diversos *pacotinhos de pólvora* e acendeu, num *espetáculo pirotécnico* que chamou a atenção da torcida presente e até das *emissoras de televisão*, que filmaram tudo.

Ele estava tentando com isso quebrar os efeitos dos meus *Trabalhos Espirituais* (psicológicos naquele momento) e nem imaginava que queimar ou colocar material em cima do *sal grosso* não surte o efeito desejado, por isso é que salguei o campo de madrugada para evitar que tais *Energias Contrárias* contaminassem o time do Guarani.

A estratégia de mexer com o psicológico é muito antiga, o próprio *Mito* e a *Simbologia* não são só energéticos, tudo envolve um equilíbrio pleno do *bio-psico-energético*. Se uma das partes está desequilibrada, quebra-se o *Elo Espiritual* e o *Mundo Inferior* assume o comando, causando desarmonias em sua vida. Os *Médiuns* e *Sacerdotes* se esquecem da Interiorização que os leve a uma *harmonia com o Universo* a sua volta. Somos *veículos de canalização* de *forças* que devem se originar da *Fonte Suprema*, do *Divino*.

Não basta ter a receita, é necessário ter "Mão de Origem".

O bilhete "malcriado"

UMA VITÓRIA COM PAZ NA ALMA

Acredito que foi o melhor desempenho do Guarani no sentido de tranquilidade e positividade. Todos estavam bem e confiantes. Nenhum jogo é fácil e nem só as *proteções espirituais* podem garantir um resultado, seria injusto.

Eles estavam defendidos de *Energias Negativas* e tinham competência para atuar. Jogaram muito, mostrando seus valores de talento e profissionalismo. Uma partida inesquecível e para minha felicidade o GUARANI VENCEU O VASCO POR 2X0. Em minha opinião, o Vasco nem viu a cor da BOLA.

Mais uma vez, quando a partida terminou, desci na minha *Sala de Trabalhos* e agradeci aos "ORIXÁS MAIORES" por esta *Dádiva Divina*, mais uma vitória do GUARANI, que ficava agora na reta final.

Aguardei a saída da Delegação do Vasco da Gama, por que eu necessitava entrar no vestiário para apanhar os "PONTOS" deixados em cima dos banheiros perto da caixa d'água. Ao entrar ali deparei-me com uma cena calamitosa: velas acessas, fitas jogadas no chão, ovos quebrados, a pobre da CAVEIRA toda quebrada e um bilhete colocado em cima da mesinha, com os seguintes dizeres:-

"Macumbeiros "F.D.P. vão à P.Q.P.". A nossa vingança será domingo, no "MARACANÃ, com dois gols de ROBERTO DINAMITE, e mais uma vez, vão tomar no "C..."

Já passava da uma da madrugada de quinta-feira quando de posse daquele bilhete saí do vestiário rumo ao Prédio Administrativo do Clube e lá estava do lado de fora toda a cúpula do GUARANI, conselheiros, jogadores, etc. Passamos do lado oposto, tentando não ser notados. Não adiantou nada a esquivada, o Presidente do Clube Sr. Ricardo, notando minha passagem, veio ao meu encontro dizendo:

"**Pai Guarantã**, estamos quase lá. Agora acredito que realmente existe uma *Força Divina* nos ajudando em todos os sentidos e que vamos ganhar este campeonato, se DEUS quiser."

O presidente Sr. Ricardo ia jantar com os demais membros da Diretoria num restaurante de um amigo e me convidou a acompanhá-lo. Durante o jantar, mostrei o referido <u>bilhete</u> a ele que ficou muito surpreso com as palavras e a indelicadeza de quem o escreveu.

Todos que lá estavam acharam que o *"Bilhete Malcriado"* era uma forma de desabafo do "Pai Santana" do Vasco e também motivo de querer amedrontar o time do Guarani no próximo jogo que seria domingo no Maracanã.

Viajei na quinta-feira para o Rio de Janeiro numa "Variant 78" junto com os médiuns Paulo e Joel, que sempre me acompanhavam em minhas missões espirituais. Fui direto para o Hotel Novo Mundo, chegamos às 21h30, ajeitamos nossa bagagem e fomos comer alguma coisa, retornando ao hotel para descansar.

A troca de fechaduras no Maracanã

MELHOR PREVINIR DO QUE REMEDIAR

Sexta-feira, pela manhã, fui com o Paulo e Joel comprar o material que faltava para as obrigações que tinha que fazer. Uma seria logo à noite e a outra seria no sábado para o "ORIXÁ XANGÔ" (esta tinha que ser em uma pedreira).

O objetivo era pedir para o "ORIXÁ XANGÔ" todas as suas forças numa energia maior de suas "MAGIAS" e "JUSTIÇA" ao time do Guarani no Campeonato Brasileiro, e que seus jogadores na partida de domingo contra o Vasco fossem abençoados em campo.

O Guarani ia se concentrar no Hotel PAINEIRAS, no Corcovado, e sua chegada estava prevista para sábado à tarde. Fiz as "Obrigações" (Oferendas) naquela sexta-feira, retornei ao hotel às vinte e três horas e dormi até as dez horas do sábado. Logo que acordei, tomei um rápido café e reuni meus dois auxiliares, para traçarmos algumas ideias em relação ao Vasco e ao "Pai Santana", que devia estar se "VIRANDO" espiritualmente como nunca.

Era uma *"Guerra"*. Qualquer descuido poderia ser fatal aos nossos propósitos. Eu já sabia alguns tipos de *"Trabalhos"* que o *"Pai Santana"* ia utilizar contra o Guarani, mas era preciso me prevenir na possibilidade de surpresas. Eu precisava de mais informação sobre ele.

Mais uma vez, a "DIVINA PROTEÇÃO" veio em nosso socorro. Após o café, estávamos na porta do Hotel, quando notei a presença de um *rapaz* de cor negra que a todo instante olhava para dentro do hotel. Ele estava agitado e ia e vinha como alguém que queria observar ou saber alguma coisa. Aquela cena deixou-me muito curioso ao ponto de mandar o Paulo, que é bom de papo, descobrir do que se tratava.

O Paulo abordou o rapaz com facilidade e de longe os vi conversando como se fossem amigos há muito tempo e logo saíram até um bar. Depois de meia hora, vieram ao meu encontro e senti que algo de bom ia acontecer neste momento.

O rapaz que se apresentou como José Candian era uma pessoa educada e de boa fala. Apresentei-me somente como "Roberto Barros" e depois de conversarmos um pouco perguntei se a sua presença no hotel era de ordem particular ou por outro assunto. Ele hesitou um pouco e respondeu:

"Eu vim aqui a mando do 'Pai Santana' para colher umas informações. Ele ouviu dizer que neste hotel estava hospedado o Guru Espiritual do "Guarani" e tenho que descobrir se é verdade ou não e ficar de olho em tudo."

A confissão caiu do "CÉU", novamente estava ocorrendo a mesma passagem que tive em Recife com o tal

"PAI DE SANTO" de Olinda. As informações mais uma vez estavam chegando como por "AÇÃO MAIOR".

Cautelosamente fui indagando o rapaz o porquê de tantos cuidados com esse "GURU" e por que a sua presença preocupava tanto esse "Pai Santana". Para descobrir mais detalhes, convidei José para almoçar conosco num restaurante de categoria ali perto do hotel. Durante o almoço, nosso relacionamento se tornou mais forte, e a certa altura ele abriu a boca, dizendo:

"Sabe Sr. Roberto, no primeiro jogo do Vasco em Campinas eles perderam e agora eles precisam ganhar a todo custo. Essas coisas espirituais funcionam mesmo e foi esse Guru Espiritual do Guarani que atrapalhou as mandingas do Pai Santana. Agora ele quer se vingar."

Ouvindo o rapaz falar, lembrei-me de quantas vezes ouvi dos dirigentes de Grandes Times que no futebol *vale tudo*, vence aquele time que tiver mais *proteção* e *ajuda espiritual*, e logicamente também bons jogadores, ótimos preparadores físicos, um técnico competente e olheiros espiões. Conversa vai, conversa vem, então entrei com a "minha", perguntando:

"José, quanto você está ganhando do Pai Santana para ficar no hotel de campana e colher informações sobre o Guarani e seu guru?"

"Não é muito. Só 'tô' fazendo um 'bico' pra defender um dinheirinho. Eu nem sou torcedor do Vasco, torço pro Fluminense.", respondeu ele.

Naquele momento, senti que era uma hora propícia de entrar com a minha conversa e extrair informações mais precisas. Então, colocando uma quantia significativa de dinheiro sobre a mesa, falei:

"José, já percebi que você é um menino bom que está procurando uma maneira de arrumar a vida, então vou abrir o jogo com você. A pessoa que você está procurando sou eu, meu nome é mesmo Roberto Barros, mas sou conhecido como Pai Guarantã. Agora negócio é negócio, portanto eu lhe daria esta bela quantia em dinheiro em forma de um agrado se você me contar tudo o que o Pai Santana está pretendendo fazer pra esse jogo."

O rapaz ficou meio fora do ar, silenciou alguns momentos, olhou para os lados se certificando de que ninguém estava olhando e rapidamente pegou o bolo de dinheiro enfiando na calça apressadamente. Postou-se na cadeira, curvando-se pra falar baixinho em meu ouvido e disse:

"Olha, eu tô lá acompanhando tudo e vi quando ele estava fazendo uns trabalhos com ferros torcidos e muito sangue de animais que foram entregues na mata. Ele também combinou pra hoje à noite fazer um trabalho de Magia Negra no vestuário do Guarani junto com diversos Macumbeiros bem fortes do Rio de Janeiro. Lá no Quarto de Trabalho dele tem um monte de velas acesas em formato de pés, crânios e grandes garfos, é assustador."

Por um momento, fiquei preocupado com suas palavras, mas logo veio a resposta na minha mente sobre as medidas a serem tomadas para nossa defesa de tais trabalhos. Outra recomendação que recebi foi de impedir o acesso deles ao vestiário do Guarani. Eles poderiam fazer os *despachos* deles em qualquer outro lugar, mas não seria lá.

Fiquei ainda pensando se era possível alguém entrar a noite nos vestiários do Maracanã para fazer um *ritual*, mas por via das dúvidas fui falar com o pessoal da administração do Estádio. Quando lá cheguei, identifiquei-me ao encarregado dizendo-lhe fazer parte da Diretoria do Guarani (eu tinha na época uma carteirinha que me dava acesso e autoridade de penetrar em qualquer setor dos Estádios, nos jogos do Guarani). Depois de ouvir minhas suspeitas, ele me acompanhou aos vestiários para uma inspeção.

Vistoriei de ponta a ponta o vestiário do Guarani e não encontrei nada de anormal, ma, por via das dúvidas, pelo sim ou pelo não, perguntei ao auxiliar da administração se era possível trocar a fechadura por motivo de segurança e integridade física e a nova chave ficar comigo até o jogo. Com o seu consentimento, solicitei um chaveiro competente e sigiloso e a fechadura foi trocada. Agradeci ao encarregado pela atenção no caso e prometi arrumar depois do jogo de domingo três camisas do Guarani em forma de gratidão e solidariedade. *Assim foi feito.*

A entrega das guias

GUIAS AOS JOGADORES DO GUARANI

Domingo dia do grande jogo contra o Vasco, pela manhã rumei em direção ao hotel onde estava a concentração e a delegação do Guarani. Minha missão era levar a todos os jogadores as "GUIAS" (colares) de *Proteção Espiritual*, principalmente contra contusões e outros tipos de *"Magias Contrárias"*.

Subi o Corcovado e no caminho achei um local (uma pedreira), ideal para realizar o *Trabalho de Proteção* ao time do Guarani. Este trabalho seria dedicado ao Grande "ORIXÁ XANGÔ".

Ao chegar no Hotel (PAINEIRAS), em cima do Morro do Corcovado, imediatamente fui entregar as Guias ao jogador BOZÓ que era o meu porta-voz junto aos demais jogadores do Guarani, eram vinte e três *guias de cor vermelha e verde* (cor do *Orixá Ogum Megê* na *Umbanda Nativa*) e eles tinham que usá-las no pulso do braço esquerdo durante os jogos até o término do Campeonato Brasileiro de 1978.

Almocei juntamente com os meus auxiliares no hotel, conversei um pouco com o Presidente do Guarani Sr. Ricardo e alguns integrantes da Diretoria. Alertei-os de sempre de manter viva na sua mente as *positividades* e certeza de que o Guarani seria campeão.

Na descida do Morro do Corcovado, rumo ao Estádio do Maracanã, paramos naquele local escolhido por mim para efetuar as obrigações ao "ORIXÁ XANGÔ" pedindo suas *energias* ao time e muita *proteção* aos jogadores.

Chegamos ao Estádio do Maracanã às 14h30 e fomos direto para o vestiário do Guarani; lá dentro concluí todos os *trabalhos* restantes, *defumei* o vestiário, *benzi* as chuteiras e as camisas da cor verde e branca (primeiro uniforme do Guarani) e aguardei a chegada do time.

Quando os jogadores chegaram, eu e meus auxiliares subimos para as tribunas do Estádio faltando meia hora para o jogo iniciar. Dei uma olhada na torcida do Vasco, devia sem exagero ter mais de 90.000 torcedores, a do Guarani uns 5.000 torcedores.

E veio a partida. No primeiro tempo o jogo iniciou equilibrado, mas num lance de falta a favor do Guarani aos 7 minutos o fabuloso ZENON, com a sua incrível perna esquerda, fez 1x0 para o Guarani. Festa entre os jogadores e a torcida do BUGRE em Campinas

No segundo tempo, aos 20 minutos, mais um gol para o Guarani do próprio Zenon, 2x0, e o jogo veio assim até os 37 minutos. Faltando 8 minutos para o término da partida, o Vasco num rápido contra-ataque fez seu gol de honra através do atacante Dirceu. Vitória do Guarani por 2x1.

Com esta vitória sobre o Vasco em pleno MARACANÃ por 2x1, o Guarani estava qualificado para as finais, com o PALMEIRAS, que naquele instante jogava com o INTERNACIONAL de Porto Alegre no Morumbi. E ganhou o jogo por 1x0.

Descemos ao vestiário do Guarani, depois de 20 minutos do término da partida, logo na entrada veio ao meu encontro um Diretor do Guarani, que me abraçou e disse:

"Pai Guarantã, estamos na final contra o Palmeiras, que acabou de ganhar do Internacional no Morumbi, o que o Sr. vai fazer nestes dois jogos finais?"

Respondi: *"Como o primeiro jogo é no Morumbi, nesta quarta vou estudar quais os melhores trabalhos espirituais que nos convém."*.

Na segunda-feira, faltando três dias para o primeiro jogo com o Palmeiras, comecei a "BURILAR" os tipos de *Trabalhos Espirituais* mais eficientes que deveriam ser aplicados naquele jogo e também estudar quais os jogadores do *Palmeiras* estavam *negativos*.

Demorei aproximadamente seis horas para *avaliar espiritualmente* o time do Palmeiras, e depois de um citado tempo, cheguei à conclusão que só havia dois jogadores bem *negativos*: o goleiro LEÃO e o atacante JORGE MENDONÇA, ambos *"contaminados"* pela suas personalidades "explosivas e geniosas". Os demais jogadores estavam em um nível médio e então "GRUDEI" nas *negatividades* existentes como um ponto positivo para o Guarani ganhar o jogo.

A zero hora (meia-noite) comecei os *Trabalhos de Proteção* ao time do Guarani nas *Matas* do Morumbi. O *trabalho* atravessou a madrugada de quarta-feira e centrei-me principalmente nos *jogadores negativos* do adversário (o goleiro Leão e Jorge Mendonça). Sabia que era aí a nossa oportunidade de manusear esta *guerra energética* a nosso favor e tudo tinha que dar certo, eu não podia de forma alguma cometer um erro e decepcionar a confiança que tantos tinham em mim e na espiritualidade. Durante o trabalho, uma de minhas *entidades* disse que estaria mandando um *mosquito (exu)* ao jogo para picar os jogadores adversários e fazê-los gritar. Terminei os trabalhos pela manhã, já em dia claro, entregando as últimas *oferendas*.

Retornei ao meu *terreiro* no Aeroporto onde fiz mais umas afirmações e fui dormir um pouco. Acordei no final da tarde e fui direto ao Estádio para acender as velas dentro do vestiário do Guarani e iniciei os *ritos* já tradicionais para *benzer* os uniformes e chuteiras que seriam usados nesse jogo. Terminado os rituais, um dos meus auxiliares, o Mauro Berber, que sempre ficava tentando entender o processo funcional dos Trabalhos Espirituais, me perguntou:

"**Pai Guarantã**, às vezes penso em até onde temos o direito de interferir no *fluir da vida* e vejo muitos *espíritos* sempre nos indicando que entreguemos nossa sorte nas *mãos divinas* e *rezemos* muito pedindo *bênçãos*. O que devo fazer quando fico confuso se *firmo* ou não algo que desejo conquistar na vida?"

"Esta é uma boa pergunta Mauro." Fui logo respondendo, com um sorriso de admiração no rosto, vendo nele a crença de um mundo de *Plenitude Espiritual*, e completei:

"Mauro, eu entendo suas dúvidas por já ter passado por elas. Eu já acreditei em um mundo em que não existisse a *inveja*, a *cobiça*, a luta pela *ascensão ao poder* ao custo do sofrimento de outros, já sonhei com *Paz, Fraternidade, União* e *Amor*. Você é um menino novo e eu queria que você pudesse entender que todos estes *sonhos*, só serão realidade um dia neste planeta se lutarmos muito, se aceitarmos a *Guerra Energética* existente dos *"Bem Intencionados"* contra os *"Mal Intencionados"*, dos que acreditam em *coletividade* contra os *individualistas*, como se fosse uma partida de futebol: dia a dia ganhamos umas e perdemos outras, mas os jogos continuam. Você tem que lutar para estar sempre na primeira divisão e entender que a *diversidade* das ideias, das culturas, das religiões é que fazem da vida uma *experiência divina* de *evolução espiritual*, de *transformação interna*. Devemos sim, sempre, lutar pelo que acreditamos com todas as nossas *forças* e *rezar* para que nossa intenção seja sempre parte da *Vontade de Deus*."

O mosquito mordeu Leão

UM LEÃO EXPLOSIVO PERDE A JUBA

Parecia um sonho ou história de ficção, mas era verdade. Um time do interior, que todos do mundo futebolístico não acreditavam que pudesse ter alguma chance de sucesso, agora estava na FINAL DO CAMPEONATO BRASILEIRO DE 1978.

O Morumbi estava quase lotado, na maioria com torcedores palmeirenses. A torcida bugrina não ultrapassava oito mil pessoas. A noite estava agradável e propícia a um grande espetáculo de futebol. Eu estava verdadeiramente emocionado pela oportunidade que meus *Mentores* me deram de participar ativamente desta conquista. Conheci neste trajeto pessoas maravilhosas e cheias de fé que me estimularam o tempo todo. Agradeci em *prece* a todas as *Entidades* e pedi por toda a família bugrina, principalmente pelo presidente do Clube, Sr. Ricardo.

O juiz Arnaldo César Coelho soou o apito, iniciando assim a primeira partida da grande final. O jogo estava bem equilibrado, com as equipes procurando o mais rápido possível marcar o primeiro gol e, num lance do ataque do Palmeiras, JORGE MENDONÇA chutou forte e o goleiro do Guarani, NENECA, saiu do gol, a bola bateu nas suas nádegas e foi para escanteio. Um susto tremendo, mais uma vez a SORTE estava do lado do Guarani.

No primeiro tempo a partida terminou 0x0 com os jogadores das duas equipes dando o melhor do Futebol Brasileiro, uma batalha de gigantes da bola. A expectativa aumentava a cada minuto. Desci ao vestiário durante o intervalo e renovei todos os PONTOS DE AJUDAS.

No segundo tempo a batalha continuava acirrada, marcação homem a homem e contra-ataques rápidos, mas tudo continuava 0x0. O técnico do Palmeiras, Jorge Vieira, não se continha em seu banco, estava fora de si, gritando incansavelmente ao seu time e recomendando à defesa que tomasse muito cuidado com o jogador Careca.

A ansiedade me contaminava na expectativa do gol salvador, que não saia, e quando fiquei um tanto quanto agitado demais senti a presença do meu Guardião da Noite "**Exu Rei**" que pediu que fosse jogado no campo, atrás do gol do adversário, um pouco de "*Pó de Levante*" que ele havia preparado no último trabalho. Rapidamente pedi ao meu assistente Paulo para correr até o vestiário, pegar o *Pote Sagrado* do "**Exu Rei**" e cumprir a missão.

Não demorou muito. Logo aos trinta minutos CARECA pegou a bola lançada por ZÉ CARLOS e entrou na área do Palmeiras. O LEÃO, saindo do gol, foi de encontro a ele de uma forma agressiva e com o braço derrubou CARECA, que ficou caído no gramado. Prontamente o Juiz Arnaldo César Coelho, corajosamente e com justiça, deu pênalti a favor do GUARANI. O goleiro Leão, não conformado com a arbitragem, começou a reclamar mostrando seu lado *Explosivo Negativo* como nas *Visões Espirituais* eu tinha visto. A conclusão dessa atitude inconsequente foi sua *expulsão do jogo*. Para complicar mais, o Palmeiras não podia mais fazer substituições (já tinha feito as três de praxe), e foi para o gol (Meta) o jogador Escurinho.

O técnico do Guarani, Carlos Alberto Silva, escolheu o Zenon para a cobrança do pênalti. Zenon, com muita calma, pegou a bola, colocou na marca do pênalti e bateu com grande competência, 1x0 para o Guarani aos trinta minutos do segundo tempo. Mais uma vez fomos bafejados pela "SORTE", num lance totalmente inusitado. O resto do jogo foi muito tenso, mas o placar 1x0 foi mantido até o final do jogo. VITÓRIA DO GUARANI.

Só no final do jogo é que entendi a mensagem passada sobre o *mosquito*. O grande goleiro Leão foi consumido pela *"Mordida do Mosquito"*.

A previsão de Pai Guarantã

GUARANI – CAMPEÃO BRASILEIRO DE 1978

No segundo jogo em Campinas o Guarani, com a moral elevada e um espírito de luta "MAGNÍFICO", ia para o tudo ou nada. Para o jogo final preparei em minha *Sala de Trabalhos* os "Pontos de Ajudas" ao time do Guarani e, como era a partida derradeira, nenhum erro poderia ser cometido, então fiz *tudo em dobro*.

Eu estava fugindo de todos os repórteres esportivos da Imprensa, pois meus trabalhos no GUARANI eram sigilosos e bem escondidos, mas naquele domingo, dia do jogo com o Palmeiras, fui surpreendido por um repórter da TV GLOBO, JUAREZ SOARES, o popular "CHINA", quando saia da minha *Sala de Trabalhos*.

Naquele momento de surpresa, senti que não podia mais fugir do "PAU" e todos os meus cuidados tinham ido por água abaixo. Ele cordialmente me abordou com sua equipe de produção, e com uma câmera de televisão já filmando perguntou:

"**Pai Guarantã**, *qual vai ser o resultado desta partida? O Guarani será campeão?*".

Sem pensar muito e de uma forma impulsiva e intuitiva, respondi rapidamente querendo sair logo de cena:

"*CHINA, o Guarani será campeão, com um gol do CARECA aos trinta e sete minutos do segundo tempo.*"

Esta era minha *previsão*, o mesmo placar do jogo anterior, 1x0. Imagine, querido leitor, que só faltavam noventa minutos para o sonho tornar-se uma realidade e, depois de uma jornada desgastante, o Guarani, um time do interior paulista, ganhar um título de Campeão Brasileiro, era sem dúvida uma grande *dádiva de Deus*.

Era um domingo ensolarado, o Estádio "BRINCO DE OURO" estava superlotado e os nervos à "FLOR DA

PELE". O árbitro de grande experiência, José Roberto Wright, deu início à partida e os times, tanto o GUARANI como o PALMEIRAS, se mantiveram no ataque, procurando a marcação do primeiro gol. A partida tornou-se muito movimentada no primeiro tempo, mas, apesar do desempenho das equipes, o placar ficou em 0x0. No segundo tempo, grandes chances de gol foram perdidas pelos jogadores que não conseguiam finalizar as jogadas em gol. Quando faltavam quinze minutos para a partida terminar, num lançamento de profundidade, o jogador CARECA marcou o gol salvador, aos 37 minutos do segundo tempo, de acordo com a minha *previsão* dada ao Juarez Soares de manhã.

Quando o juiz apitou o fim da partida, lá estava GUARANI 1 x PALMEIRAS 0. Aí as comemorações começaram no campo e foram até o vestiário com os torcedores "BUGRINOS". A cidade de Campinas estava em festa pelo título inédito conquistado. Guarani, Campeão Brasileiro de 1978.

Após o jogo, durante a festa da vitória, novamente meu auxiliar, vocacionado a *Filósofo Espiritual*, me perguntou como eram possíveis estas previsões tão precisas em detalhes que até dava a entender que *Destino* existe e é *imutável*. Eu respondi:

"Mauro, nascemos predestinados a uma Missão, mas o Livre-Arbítrio nos permite escolher qualquer caminho para chegarmos lá. Conforme nossa escolha podemos não atingir este objetivo, podemos nos desviar. O Positivismo e a Energia Espiritual nos dão força para lutarmos com mais afinco e determinação em prol de nossas metas. Quantas vezes acordamos cheios de ideias para

com a vida e no decorrer do dia vamos desanimando e deixando essas ideias de lado. É preciso coragem para seguir firmemente os Chamados da Alma, e o Plano Espiritual nos ajuda muito a enfrentarmos nossos dragões. Às vezes na vida as coisas certas são erradas ao nossos olhos e as erradas são caminhos escritos por uma grande energia totalmente desconhecida ainda em nosso mundo."

Só para terminar de falar de minha participação junto ao Guarani, cabe aqui um adendo. Em 1981, o Guarani me chamou em urgência novamente para a final da Taça de Prata que disputaria contra o Anapolina de Goiás. Por ser um jogo importante para eles, acabei ajudando também nesta conquista tão difícil.

Flamengo × Vasco

1978

Estava em dezembro daquele ano já morando na Rua Costa, em São Paulo, uma travessa da Rua Augusta, quando meu telefone tocou. Ao atender fiquei surpreso, pois eu nunca poderia imaginar que fosse o Sr. DOMINGOS BOSCO, supervisor de futebol do FLAMENGO. Então ele disse:

"**Pai Guarantã**, *estou precisando de você aqui no Rio de Janeiro, pois domingo o Flamengo vai disputar com o Vasco o Título de Campeão do Estado (Campeonato Carioca), e eu necessito muito mesmo dos seus Serviços Espirituais neste jogo difícil para nós. Tomei a liberdade de enviar um emissário com as passagens para buscá-lo. Espero que o Sr. possa nos atender e ficarei aqui esperando sua chegada.*"

Como ele era uma pessoa muito influente no meio esportivo, aceitei de pronto sua solicitação para pelo menos conversarmos, mas precisava consultar *meus mentores* primeiro. Após receber a *permissão espiritual*, que é uma espécie de um AXÉ, viajei no mesmo dia para o Rio de Janeiro, com os meus auxiliares "Pés

Quentes", Paulo e Joel, para um primeiro contato. O restante da *equipe mediúnica* seguiria depois que tudo fosse confirmado.

Já no Rio fui levado diretamente ao Sr. Domingos Bosco em um encontro "SIGILOSO", no Hotel Regente em Copacabana, a fim de acertar os últimos detalhes sobre o jogo. Conversamos longamente e no final ele ainda comentou:

"**Pai Guarantã**, *precisamos de qualquer jeito vencer este jogo, pois o* Vasco *joga pelo empate e somente uma vitória nos dará o tão almejado título.*"

Depois de acertados os detalhes necessários, ele foi embora, mas deixou um elemento de sua confiança para providenciar qualquer coisa que me faltasse para os Trabalhos de Ajudas. O desafio dessa vez era ainda maior e a minha responsabilidade no assunto muito grande, pois, mais uma vez o Vasco e o "Pai Santana" cruzavam o meu caminho. Àquela altura já tinha certeza de que não era uma simples coincidência e sempre tive comigo muito respeito às *Teias de Resgate* derivadas de Vidas Passadas. Tudo devia ser um plano do *Astral Maior*.

Preparei as "MAGIAS" para o jogo, não deixando nada a fazer, principalmente levando em consideração que o "Pai Santana" era um verdadeiro *Mago* com grandes conhecimentos. Por outro lado, ele já conhecia parte de meus *trabalhos* e tentaria *Magias* diferentes para anular minha *Ação Espiritual*. O novo confronto "Pai Santana" × "**Pai Guarantã**" era inevitável.

Já passava a admirar e gostar do Pai Santana, mesmo sem conhecê-lo. Um *mito de grande competência* que infelizmente sempre esteve do *outro lado do meu cami-*

nho. Tudo era somente uma disputa de conhecimentos que podem ser aplicados como fortalecimento de *Egrégoras Coletivas* dentro da *Lei Astral*.

Em vez de trazer minha *equipe mediúnica* de São Paulo, optei em selecionar alguns *médiuns* em terreiros de alguns de meus *Filhos de Fé* no Rio mesmo. Foi uma escolha muito constrangedora porque tive que me defrontar com a realidade do despreparo de *incorporação* de grande parte dos *médiuns* que interferem na comunicação de seus *Guias*. Mesmo com respeito à *diversidade ritualística* da Umbanda derivada da influência cultural de cada *Sacerdote*, existe uma Espinha Dorsal que rege os princípios básicos e objetivos do contato das *Entidades* com o nosso mundo. Esse fato me fez valorizar ainda mais os *médiuns matutos*, sem grandes conhecimentos memoriais, no qual a *incorporação* é *instintiva* e as sessões espirituais fazem o chão de terra batida tremer. **Salve a Umbanda Nativa**.

O incrível aconteceu!!!

QUEM TEM SORTE, TEM!!!

No dia seguinte, dia 3 de dezembro, domingo, logo cedo comecei a formar os *Pontos Astrais* com muitas frutas (nunca pode faltar frutas nas *Firmações de Prosperidade e Fartura* para *Oxossi*) e a *firmar* os jogadores para fortalecer seus pontos fracos e expandir suas qualidades natas em campo, neste caso cada *firmação* leva a fruta específica do jogador, como no caso do Zico, morangos e mangas oferecidos à *Iansã* (*Senhora dos Ventos*). Tudo que é usado tem que *ter poder de captação energética* e estar alinhado à *vibração original emitida* com o *destino desejado*. Nunca usamos objetos de plástico, nem elétricos, e nada com conservantes ou preparos químicos. O melhor fumo é o de corda, o melhor pito é o de palha, etc. Quanto mais *natural*, melhor o efeito.

Paralelamente, sabia que o Pai Santana também faria isso, fortalecendo, por exemplo, o nosso querido Leão e os demais jogadores do Vasco enviando *cargas negativas* aos nossos principais jogadores, principalmente para o Zico. Foi então que recebi a intuição de aconselhar o técnico Cláudio Coutinho que mandasse todos os jogadores para frente numa tentativa de surpreender o Vasco. Era necessário criar uma oportunidade não prevista pelo adversário. A intuição também sugeria que ele reunisse os jogadores no vestiário antes do jogo, e em uma *corrente de união* fizesse um Pacto de Vitórias através de companheirismo e positivismo para dar início segundo as *Forças Astrais* à "Era do Flamengo", uma Era de Conquistas.

O Maracanã estava lotado. Os nervos e a adrenalina estavam acima do normal. As torcidas com as suas bandeiras fazendo festa, aguardando somente a hora da partida começar. Ao ser dado o início pelo árbitro José Roberto Wright, as equipes do Flamengo e Vasco se lançaram ao ataque na procura do gol. O Flamengo dominava a partida e o Vasco, que só precisava do empate, ficou mais na defesa esperando oportunos contra-ataques. Mesmo com todo o empenho dos times, o primeiro tempo terminou num 0x0. Não faltaram tentativas de gol do Zico, sem sucesso, e claramente o goleiro Leão estava com suas *defesas espirituais* todas ativadas, pegava tudo.

No segundo tempo, o jogo vinha bem disputado, ora o Vasco perdendo chances de marcar, ora o Flamengo também. Leão era o grande destaque que fechou o gol. Quando a partida estava quase em seu final com o placar ainda de 0x0, a torcida vascaína começou a comemorar o título visto que o empate era favorável ao Vasco.

Aí, o incrível aconteceu, um lance que definiu o jogo. Aos quarenta e um minutos do segundo tempo Zico cobra um escanteio, lançando alta a bola na grande área, e num passe de mágica surge correndo da Zaga, *como se fosse invisível*, o Zagueiro Rondinelli salta acima de todos de uma forma espetacular e cabeceia com precisão marcando o *gol salvador* em que Leão nem viu a bola passar. Estava sacramentada a *surpresa vencedora*. Mais uma vez o navio de Leão afundou.

Com o gol incrível do Rondinelli (O Deus da Raça), o Maracanã veio abaixo, para a tristeza da torcida do Vasco que não contava com o fator "SORTE" do time do Flamengo. Na sequência dos minutos finais foi só confusão, e o jogo terminou com a expulsão de Zico que *negativado* acabou perdendo a cabeça em campo. Fim do jogo e o Flamengo é Campeão Carioca de 1978.

Durante os *Trabalhos de Ajudas* ao Flamengo, o melhor parceiro e amigo foi o saudoso Domingo Bosco, que era Supervisor do Flamengo e sempre um abnegado e obediente homem de Fé, confiante em meus trabalhos. Nossa relação era bem discreta e muitas das orientações que envolviam alguma participação dos jogadores era por ele encaminhada para execução.

A *Era do Flamengo* anunciada pelo *Plano Astral* era um fato e durou cerca de um ano com sucessivas vitórias. É evidente que não queríamos que ela acabasse, mas o *Comando Espiritual* entendeu que não havia merecimento suficiente para tal. Muitos estavam se desviando do senso fraterno e assim a Era foi finalizada ritualisticamente, quando enterramos em seu campo, durante um *Trabalho de Defesa*, medalhas que foram cunhadas para a grande consagração do Flamengo, que completaria 53 partidas invictas, mas quis o Grande Arquiteto que aquilo não se concretizasse.

Os times intermediários

Sempre tentei ajudar a todos os que me procuraram e só não o fiz quando o *Plano Astral* não achava conveniente. Apesar de não estar narrando aqui, realizei os *Trabalhos de Ajudas* para muitas pessoas famosas e não famosas, para empresas grandes e pequenas, para solucionar casos judiciais, desarranjos familiares, doenças das mais diversas, e trabalhei também para diversos times intermediários,

O Primeiro Time do Interior Paulista a ser ajudado por mim foi "TAQUARITINGA", da mesma cidade do Estado de São Paulo, em 1981. Após receber um convite do supervisor do clube, Sr. Paulo Ramos, ajudei o time a passar para a segunda divisão e, em 1983, outra vitória levou-o à primeira divisão.

O segundo clube a contar com as minhas *"Ajudas Espirituais"* foi o Esporte Clube Santo André, levado por um dos seus diretores Sr. Jorge Abicalan. Em 1984, pela primeira vez, o Santo André participou da primeira divisão do Campeonato Brasileiro e fez uma bela campanha terminando em décimo lugar, acima do Palmeiras e do São Paulo, entre outros grandes times. O Santo André tinha em seu elenco o notável LUIZ PEREIRA, na época um dos maiores zagueiros do Brasil. Foi uma campanha notável. Positivei o clube com *assentamentos* dentro de sua sede e com *firmações* em todas as suas atividades. Ainda no ano de 1984 o Santo André obteve sua principal conquista no vôlei, quando a equipe com craques como William, Montanaro, Amauri, Domingos Maracanã, entre outros (base da seleção brasileira) conquistou o título de Campeão Mundial de Clubes. No Santo André recebi todo o apoio necessário à conclusão de meus *trabalhos*, principalmente do saudoso "BABA", supervisor no Futebol.

O terceiro foi o São José Esporte Clube (Águia do Vale), da cidade de São José dos Campos – SP em 1987, cujo presidente Pedro Yves Simão deu-me todo o apoio necessário nesta *Caminhada Espiritual*. O São José Esporte Clube, com a graça de Deus, subiu a série A1 em 1988. Depois, após uma Campanha memorável com a competência do seu técnico ADEMIR e do amigo JORGE (um guerreiro com seu "CACHIMBO MÁGICO"), conquistou o Vice-Campeonato Paulista em 1989, perdendo de 1x0 no Morumbi para o São Paulo. O São José Esporte Clube só não ganhou o título por *interferências contrárias* que impregnaram em todas as lideranças e, por consequência, nos resultados.

O quarto clube a ser ajudado foi a Portuguesa de Desportes, na gestão do querido Deputado ARNALDO FARIA DE SÁ em 1991, na conhecida *Era Dener*. Naquele ano, a Portuguesa de Desportes conquistou a Copa São Paulo de Futebol Júnior, tendo como artilheiros Sinval, que marcou dez gols, e Dener, com nove. Por conta das ótimas apresentações, a dupla foi promovida ao time titular. Dener foi eleito o melhor jogador do campeonato e logo estreou na Seleção Brasileira, deixando saudades ao falecer em 1994 em um trágico acidente de automóvel no Rio de Janeiro.

Gostaria de poder citar aqui centenas de nomes de pessoas com certo destaque em nossa sociedade brasileira que passaram pelo meu terreiro à procura de *Ajuda Espiritual* e outros que são convictos na *Força dos Orixás*, mas que mesmo assim se envergonham talvez de assumir publicamente que são devotos da Umbanda. Talvez eles não saibam o quanto ajudariam (devido à popularidade que conquistaram) a milhares de pessoas a se encaminharem para uma Fé Maior e a melhorarem sua passagem em vida por este planeta. Fica aqui um alerta carinhoso a todos que conheci e aprendi a admirar:

"Jogue fora tudo o que faz mal ao seu coração e nunca conte a ninguém sobre o seu sofrimento. Alivie sua alma dividindo suas alegrias e conhecimentos e nunca se esqueça que DEUS sempre estará presente com você quando sua mão se estender ao irmão do seu lado. CARIDADE COMEÇA EM CASA E SANTO DE CASA FAZ MILAGRES SIM."

Bragantino × Novo Horizontino

1990

Em 1990, estava eu trabalhando numa Campanha Política, quando entrou em minha sala o notável e querido jornalista CHICO LANG que na época trabalhava no jornal A GAZETA ESPORTIVA. Seu objetivo era saber, através de uma Previsão Astral, quais clubes iriam disputar a final do Campeonato Paulista de 1990. Pedi a ele que aguardasse três dias para que eu pudesse construir um "Pentagrama Sagrado", onde analisaria as possibilidades dos times, e firmar os Pontos Energéticos para saber para onde os ventos estariam soprando.

Passados os três dias, Chico Lang retornou para entrevistar-me e saber da prometida Previsão Astral e outras reportagens de seu interesse. Ele sabia que ninguém daria uma previsão exata de um campeonato com DOIS MESES DE ANTECEDÊNCIA. E foi logo perguntando:

"Então, **Pai Guarantã**, é mesmo possível termos uma previsão dos times que chegarão à final neste Campeonato Paulista através da Espiritualidade?"

"Claro que sim." Respondi a ele e continuei: "Depois de um demorado estudo vi que os Ventos darão ajuda às Cores Brancas (Oxalá), Pretas (regência de Omulu) e Amarelas (Iansã), isso na Lei da Umbanda Nativa. Também recebi a visão sobre a predominância da "Renovação" e fortes ondas negativas emitidas aos grandes times, favorecendo assim os times menos cotados. Posso afirmar que a final do Campeonato Paulista desse ano será entre dois times do interior. As forças positivas indicam então o favorecimento do Clube do Bragantino e do Novo Horizontino. O Corinthians e o Palmeiras aparecem oscilantes mesmo com boas colocações em suas chaves, mas as forças contrárias prevalecerão."

No dia 7/8/1990 saiu na *Gazeta Esportiva*, na oitava página, a reportagem dada por mim com o seguinte texto: "FUTURO NEGRO PARA OS RIVAIS".

Naquele ano o Bragantino estava sob o comando do seu técnico, então desconhecido, WANDERLEI LUXEMBURGO DA SILVA, e NELSINHO BATISTA, técnico do Novo Horizontino, ambos atualmente renomados técnicos de futebol.

Depois de algumas rodadas, o Campeonato chegou à final, e se classificaram os dois times do interior paulista. O jogo da final do campeonato foi entre o Bragantino e o Novo Horizontino, exatamente como as previsões astrais indicaram. O Bragantino saiu campeão.

Corinthians Paulista

COPA DO BRASIL – 1995

No dia 21 de maio de 1995, um domingo, o Corinthians enfrentou o Palmeiras no Pacaembu pelo Campeonato Paulista e o resultado do jogo foi 3x1 para o Palmeiras, sendo os três gols feitos pelo atacante "MAGRÃO".

Logo após o jogo, recebi um recado em minha secretária eletrônica. Era do Sr. Zezinho Mansur, que era Vice-Presidente do Corinthians, pedindo para eu que entrasse em contato urgente.

Na segunda-feira logo cedo, liguei para o Sr. Zezinho Mansur, no escritório de sua indústria na Vila Guilherme, para saber sobre o que se tratava a urgência. Ele me disse que precisava do meu apoio espiritual para o time do Corinthians que ia jogar no Rio de Janeiro contra o Vasco da Gama pela Copa do Brasil (31/05/95). Como ele sabia que eu conhecia muito bem as estratégias do Vasco, visto que no passado o time nunca levou vantagens comigo, tinha certeza que só com minha *ajuda e conhecimentos* o time do Corinthians teria sucesso.

Era uma empreitada muito difícil, principalmente se levando em conta a derrota para o Palmeiras. O tempo era curto e eu nem sabia a quantas andava o lado psicológico e energético dos jogadores do Corinthians. Mas não podia negar a ajuda de forma alguma, principalmente depois de ter recebido aval do *Plano Superior*. Era mais um desafio e também não podia ignorar o *Elo Energético* e *Espiritual* ao Clube do Corinthians, visto o passado que sempre nos uniu.

Tudo acertado, dediquei-me a estudar rapidamente os jogadores em seu lado *Energético* e *Espiritual* para saber as formas mais *positivas* e eficientes para esse jogo contra o Vasco. À noite, minha entidade **"Exu Rei"** se manifestou durante uma *Sessão Espiritual* e me alertou em relação aos grandes perigos que enfrentaria durante essa empreitada. Disse que haveria traições não imaginadas, e terminou deixando a frase: *"A adaga nas costas sempre vem da mão dos melhores amigos"*. Fiquei apreensivo, o que seria esta enigmática mensagem?

Logo cedo, na terça-feira, embarquei para o Rio de Janeiro, levando comigo todos os materiais e apetrechos, a serem utilizados nos trabalhos a favor do Corinthians, principalmente as *Adagas de Prata* que não se encontram com facilidade para compra. Os tipos de *"Trabalhos de Ajudas"* que deveria realizar seriam complexos e necessitariam de uma grande *Corrente Mediúnica* como suporte. Já havia realizado um trabalho parecido no passado e sabia de antemão as dificuldades que enfrentaria.

Será que desta vez eu iria trocar ideias pessoalmente com o Pai Santana que tantas vezes cruzou comigo? Seria uma honra encontrá-lo e até dissolver essa *Guerra Fria* existente entre nós. Por outro lado, sabia que conforme os rumos que o confronto tomasse, um de nós teria sequelas físicas irreparáveis.

Ao chegar, fui logo conduzido a um hotel em que pude montar minha *Sala de Trabalhos*. Minha equipe de médiuns de confiança chegaria à noite, antevéspera do jogo, e ainda tinha que reunir alguns médiuns amigos residentes no Rio de Janeiro.

À noite, com toda a equipe possível reunida, fui executar em determinados locais os *"Trabalhos de Magia"*.

Eram 21 pontos exatamente, e quando estávamos no décimo ponto *Arriando* as *Entregas* devidas, comecei a passar muito mal de uma forma que nunca havia acontecido. Imediatamente começamos a firmar a esquerda e o **"Exu Rei"** se manifestou mandando que eu retornasse imediatamente a cada local que havíamos passado, pois uma equipe contrária estava nos seguindo e desmanchando cada trabalho realizado. Havia um espião entre nós!!!

Fiquei pasmo com o acontecido, e reunindo apenas minha equipe de total confiança, comecei a firmar Pontos de Derivações que garantiriam o sucesso da empreitada com a triste consequência de retornar ao dono toda e qualquer *Demanda Negativa* enviada. Era a única solução no momento. O trabalho daí para a frente foi muito extenuante para toda minha equipe. O dia amanhecia quando *arriamos* a última *oferenda* e cravamos as 21 *adagas de prata* já *energizadas* em raízes profundas na mata. Missão cumprida.

Fomos para o hotel descansar um pouco e aguardar com ansiedade o jogo. Tinha que chegar ao Estádio secretamente, com três horas de antecedência, a fim de realizar as *"Rezas Sagradas"* que só os antigos feiticeiros e mateiros conheciam.

No final da tarde do dia 24/05/95, quarta-feira, me dirigi ao Maracanã e fui surpreendido quando não me liberaram acesso antecipado ao interior do estádio, a não ser junto com o time. Ficou claro que alguém já havia estado lá preparando as *"Forças Contrárias"* tentando assim anular qualquer tipo de *Trabalho Espiritual*. Parecia que a mão do Pai Santana estava ativa, ele estava se aprimorando. Sem me abalar, contornei todo o estádio realizando as *"Rezas"* devidas. *"Quem tem Pai não morre pagão"*.

Chegou a hora do jogo. O Vasco estava com um time "afinadinho" e perigoso. Para piorar, o jogo era em seu reduto e os jogadores do Corinthians estavam com a cabeça "QUENTE" depois da "ACACHAPANTE" derrota no domingo para o Palmeiras. Eu havia *firmado* intensamente o árbitro, o Sr. Valdomiro Matias da Silva, emanando *energias positivas* para que ele tivesse muito equilíbrio durante a arbitragem, e também o técnico do Corinthians, Sr. Eduardo Amorim, pedindo lucidez na escalação e táticas a serem aplicadas.

Sabia de antemão que seria um jogo difícil e nervoso, principalmente por todos os avisos que recebi anteriormente das *entidades*. O Corinthians estava entrando em campo totalmente "COBERTO" pelas *Forças Espirituais*.

O público não passava de dez mil torcedores, na maioria do Vasco, e os jogadores do Corinthians entraram com muita tranquilidade e *Fé*. Foi uma partida bem disputada e nervosa em que o Corinthians conseguiu dominar o jogo, apesar da expulsão de um jogador (Zé Elias), e chegar a vitória por meio de um magnífico gol do craque Marcelinho Carioca, finalizando o placar em 1x0.

Retornei para São Paulo mais confiante, o maior obstáculo *energético* havia sido superado e para o próximo jogo no dia 31/05/95, quarta-feira, além de mais tempo disponível para as preparações de *"Ajudas Espirituais"*, o embate seria no estádio do Pacaembu em São Paulo, meu reduto.

A vitória do Corinthians significava sua passagem para a final do Campeonato. Depois de um prolongado estudo, verifiquei que os jogadores vascaínos estavam totalmente *negativos*, o que era ótimo para nós. Havia três *"Pontos de Magia"* que estavam contaminados com uma *irradiação maléfica*, fato que determinou então que eu desdobrasse no sentido horizontal, um tipo de *"Trabalho Cabalístico'* pouco empregado em futebol, mas que o resultado seria imbatível. Realizei todas as oferendas de *"Fortalecimento de Linhas"* não convencionais com muitas frutas, grãos, ervas sagradas, muitas velas coloridas referentes a cada Orixá, e principalmente velas de cera com canela e cravo. Nos *Ritos de Assentamentos* usei muito *azougue* (mercúrio) e mais *punhais de prata*.

Chamei como assistente uma *"Filha de Santo"*, "Maria da Penha", que era uma *sensitiva* com notáveis *dons mediúnicos*, principalmente a *Vidência*. Não podia perder tempo e, no dia do jogo, fomos à tarde ao Estádio limpar com *"Águas Sagradas"* o vestiário em que ia ficar o time do Corinthians.

Quando estava atravessando o gramado do Pacaembu, em direção ao vestiário, encontrei no caminho o amigo e jornalista SAVOIA, que logo perguntou:

*"***Pai Guarantã**, *que surpresa em encontrá-lo. O que o Sr. está fazendo aqui?"*

Respondi: *"Savoia, você é um corintiano nato, então não divulgue nada na imprensa sobre a minha vinda aqui. O resto você já sabe, quero que o Corinthians seja o campeão da COPA DO BRASIL. Apenas vim firmar espiritualmente as "MAGIAS" de auxílio ao time."*.

Segui para o vestiário e, depois de *defumar* o ambiente, coloquei os "PONTOS DE AJUDAS", usando a vidência da Maria da Penha, em locais bem estratégicos e escondidos, evitando assim que alguns jogadores, atletas de Cristo, pudessem vê-los e julgar o que não entendem. Ao sair, pedi ao encarregado do Estádio Sr. Pedro que ficasse fechado até a chegada do roupeiro do Time. Ainda para tranquilizar a diretoria do Corinthians, liguei para Sr. Zezinho Mansur, comunicando que tudo estava feito e que o Corinthians ia ganhar o jogo porque os "Pontos Fixados" responderam positivamente. Fiquei satisfeito ao perceber que ele ficou muito contente e demonstrou muita Fé ao agradecer.

Corintianos jogam-se no chão

UMA GOLEADA HISTÓRICA

Na hora do jogo fiquei nas cadeiras numeradas, e quando o juiz Antônio Pereira Da Silva apitou o início do jogo senti que o Corinthians estava todo "ILUMINADO" e protegido durante o confronto.

Daquela vez tudo era inverso. Com um público de quase 40.000 torcedores, na maioria corintianos, o Vasco ficou sem rumo em campo e não conseguiu chegar ao gol de Ronaldo, mesmo em tiros desesperados de longe. O Corinthians domina a partida e pressiona até que, aos 24 minutos, Marcelinho bate de longe e Ricardo Rocha, na tentativa de cortar o lance, desvia a bola de cabeça e acaba marcando contra, 1x0 para o Corinthians. Após o gol, o Vasco entrou em plena *negatividade* e se desequilibrou por inteiro. A torcida corintiana se incendeia cada vez mais, empurrando o seu time do coração, aos 32 minutos Souza faz um lançamento espetacular e o centroavante Viola manda para o fundo da rede, marcando seu centésimo gol na carreira, 2x0 para o Corinthians. Era um jogo para nenhum torcedor botar defeito. O Corinthians jogando uma enormidade e o Vasco todo encolhido. Era um espetáculo de raça e talento puro em campo.

No segundo tempo, o Vasco voltou mais concentrado e iniciou o jogo pressionando a meta corintiana, mas isso só durou alguns minutos e o Corinthians retomou o controle do jogo. Aos 21 minutos, o jovem Souza alarga o placar marcando 3x0, e na sequência a estrela de Viola brilhou como nunca, marcando aos 42 minutos o quarto gol (4x0) e, dois minutos depois, aos 44 minutos de partida, o quinto e decisivo gol, finalizando um placar inédito de 5x0 para o Corinthians. Vasco da Gama estava eliminado da Copa do Brasil.

Quando a partida terminou, a torcida corintiana entrou em êxtase pelo placar tão dilatado, nem eles acreditavam no resultado ao ponto de alguns se jogarem no chão, dizendo: "Não é possível que isso tenha acontecido. 5x0?"

Já na Tribuna de Honra, em grande comemoração, o Sr. Zezinho Mansur aproximou-se agradecendo e disse que seria muito importante que eu continuasse até o final da Copa do Brasil. Realçou que o Corinthians precisava muito daquele título e que não fossem poupados esforços e recursos que se fizessem necessários ao bom andamento dos meus "Trabalhos de Ajudas". Confessou que ele contava comigo e deu a entender ainda a sua preocupação com certos elementos do Corinthians que não acreditavam em *Magias*. Aí, eu me queimei e falei pra ele:

"Sr. Zezinho, só para desafiar os incrédulos, eu agora vou até o final pra ver que bicho dá."

Naquela época já estava se acentuando um movimento de intolerância *religiosa* em que alguns líderes, de outras religiões, começaram a vir a público, principalmente em programas televisivos, para deturparem a imagem da *mediunidade em geral* e com alusões, tentando criar uma correspondência entre os *Orixás* e seus conceitos sobre o *"Maldoso Diabo"*. Também era incoerente que esses opositores implantassem diversos *rituais da Umbanda* em seus cultos, tais como a desobssessão, com a manifestação da entidade obssessora para sua expulsão, o *descarrego* usando *sal grosso*, o *Ritual da Fartura e Prosperidade*, etc. Era o início de um estopim que geraria mais desunião e guerra entre as pessoas, como se não bastasse as infindáveis guerras já existentes de cunho religioso. A **Umbanda** mais do que nunca precisava se manter acesa com a *cara limpa* e só pedir *iluminação* aos umbandistas que migraram de lado.

Corinthians × Grêmio

FINAL DA COPA DO BRASIL 1995

Era uma decisão final, de um lado o Corinthians, do outro o perigoso Grêmio de Porto Alegre, um time que vinha muito bem na competição. Eu nunca tinha trabalhado numa decisão da Copa do Brasil, principalmente contra o Grêmio, e também não sabia que tipos de *Trabalhos Espirituais* vinham de lá. Então pensei da seguinte forma:

"Como os trabalhos de "PROTEÇÃO" estavam dando certo neste torneio para o Corinthians, utilizei os mesmos *rituais* empregados contra o Vasco, como a *limpeza* do vestiário e outros *Pontos de Ajudas*."

O primeiro jogo era em São Paulo, no Pacaembu; o segundo em Porto Alegre, no estádio do Grêmio (Olímpico). No primeiro jogo em São Paulo o Grêmio iria jogar na retranca, tentando um empate, e em Porto Alegre, seu reduto, contaria com a torcida a seu favor, estimulando assim seus jogadores, no sentido psicológico, a uma grande vitória.

Tudo pronto para a partida, em uma quarta-feira à noite, no Estádio do Pacaembu. Naquele dia à tarde fui novamente ao vestiário do Corinthians efetuar os meus *Serviços Espirituais de Proteção*, com o objetivo de assegurar a *Energia Positiva* que determinasse uma vitória corintiana. Quando saía do vestiário com a Maria da Penha, que estava me auxiliando, senti uma forte vontade de passar no vestiário do Grêmio, alguma coisa estava errada. Seguindo a intuição, encontrei um fato inusitado, pois, ao entrar no vestiário do adversário, encontrei um *sapo* colocado em um dos cantos, totalmente seco e com alfinetes nos olhos, e me pus a pensar: Será que é "*macumba*" deles para o Corinthians perder ou tem mais alguém, além de mim, também *trabalhando espiritualmente*? A Maria da Penha então me perguntou:

"**Pai Guarantã**, será que esse sapo não é só um fator psicológico para abalar os jogadores do Grêmio como o Sr. fez com o esqueleto da *Cabeça de Porco* naquele histórico jogo do Guarani contra o Vasco?"

Por segurança, executei um pequeno *trabalho de descontaminação* e retirei o *sapo* de lá, pois eu sabia de antemão que o Corinthians seria vitorioso no confronto e era melhor deixar as coisas do meu jeito. E não deu outra, no final dos noventa minutos, 2×1 para o Corinthians contra o Grêmio, com um gol do Viola no primeiro tempo e o outro do Marcelinho Carioca no segundo tempo. Estava concluída *minha tarefa* no jogo.

No segundo jogo, em Porto Alegre, dia 21 de junho, sentia que o Grêmio ia para o tudo ou nada, então mudei os "PONTOS" tentando assim eliminar qualquer "MANOBRA" do adversário no *Plano Espiritual*. Como era a sétima edição da Copa do Brasil e a final era dia 21, número *múltiplo de sete*, desenvolvi diversos "*Trabalhos Astrais*" evocando a *Magia Cabalística* que tem o número *Sete*.

Apesar de uma vitória, por 2 a 1 frente ao Grêmio, na primeira partida da final, no Pacaembu, o Corinthians não era o favorito para a conquista do título, pois o Grêmio era o atual campeão da Copa do Brasil e disputava a sua terceira final consecutiva na competição. Além disso, o jogo seria no estádio olímpico onde o Grêmio apresentava sempre um ótimo desempenho. Bastava apenas uma vitória de 1×0 para o tricolor gaúcho sair vitorioso da copa.

A tranquilidade me invadia e a esperança me renovava a cada instante por saber que o Corinthians estava totalmente coberto pelas *"Energias Positivas"*, e seu time jogando num padrão elevado.

Foi uma peleja disputadíssima mesmo depois da expulsão de Paulo Nunes (Grêmio) e do Silvinho (Corinthians) pelo árbitro Márcio Rezende de Freitas. O Corinthians foi mais Corinthians do que nunca e bateu o Grêmio, diante de mais de 40.000 torcedores tricolores. Saiu vitorioso do confronto por 1x0, com o gol decisivo de MARCELINHO CARIOCA, e se tornou a primeira equipe paulista a vencer a "COPA DO BRASIL". Com o título, o Corinthians qualificou-se para a disputa da Taça Libertadores da América de 1996.

Corinthians × Palmeiras

CAMPEONATO PAULISTA DE 1995

Depois da conquista de Campeão da COPA DO BRASIL de 1995, o Corinthians disputava o Campeonato Paulista e se classificou para disputa com o Palmeiras na final em Ribeirão Preto – SP, no estádio Santa Cruz. O título seria definido em dois jogos.

Com o apoio do SR. ZEZINHO MANSUR, comecei a *"dirigir"* as MAGIAS para o primeiro jogo, fazendo prevalecer a nossa *Fase Espiritual*. Preparei com cautela as *Proteções* e *Ajudas* ao time do Corinthians no sentido de não perder o jogo para o Palmeiras.

O primeiro tempo foi disputado com equilíbrio até a hora em que o Juiz apita pênalti contra o Corinthians. A ansiedade era geral e Roberto Carlos cobra para fora. Aí foi uma confusão, terminando com a expulsão de Alex Alves do Palmeiras e do Bernardo do Corinthians. O segundo tempo foi muito tenso, o Palmeiras bombardeia a meta alvinegra e Ronaldo se desdobra em grande atuação, fechando o gol. Quase no final do jogo, Marcelinho Carioca faz um belíssimo gol, 1×0 para o Corinthians. A torcida corintiana entra em delírio, o Corinthians se fecha na zaga e, nos acréscimos finais, aos 48 minutos, Nilson empata para o Palmeiras. Final de jogo 1x1.

Durante a semana que antecedia a grande final, logo na segunda-feira, comuniquei ao Sr. Zezinho Mansur que o nosso rival, o time do Palmeiras, estava usando *energias fortes* e diversificadas, oriundas de mais de um *"Pai de Santo"*, na parte espiritual. Era necessário reforçar nossas defesas e desmantelar os ataques para atingir o objetivo de o Corinthians ser campeão. Estava aberta uma "Guerra Espiritual" entre as partes.

Em sua sala, conversamos longamente sobre as chances reais do Corinthians no jogo e, depois de ponderarmos sobre a partida, no final cheguei à conclusão de que para o Corinthians conquistar o almejado Título Paulista era necessário buscar novas *"Fontes de Magias"* imediatamente e isso seria quase impossível. O Sr. Zezinho perguntou-me então como eu poderia encontrar tais *energias*. Eu respondi:

"Existe um lugar possível. Aliás, é o único no Brasil que tem o que precisamos. Está numa cidade de Pernambuco, precisamente em "CABO DE SANTO AGOSTINHO". É um local famoso pelos seus Poderes Espirituais. É uma tentativa que só vai funcionar se eu conseguir encontrar lá alguns conhecidos que são muito especiais no traquejo das Forças Encantadas."

O Sr. Zezinho ouviu com atenção e ficou uns instantes pensativo, como se estivesse elaborando o que fazer, e falou:

Bem, **Pai Guarantã**, se esta é a única solução que temos no momento, o jeito é o senhor ir para Pernambuco o mais rápido possível. Vou pedir para minha secretária providenciar as passagens aéreas e a verba para despesas eventuais. Faça tudo o que for possível.

A água cheia de encantamentos

A MÃEZINHA YOBANSI

Embarquei para Recife na quarta-feira, num voo da TAM. Assim que acabei de me hospedar num hotel na Praia de Boa Viagem, liguei para um Filho de Santo muito famoso até hoje, o "PAI DANGUÉ" (João Carlos), que tinha um terreiro em Olinda. Imediatamente, ele e sua adorável esposa vieram ao hotel e, numa conversa saudosa e alegre, expliquei o propósito da minha ida a Recife. Eu precisava encontrar uma velha amiga, a Mãezinha "YOBANSI".

Já havia se passado mais de dez anos do meu último contato com a *Mãezinha Yobansi* e nem sabia se ela ainda estava viva. Havia perdido seu endereço e telefone e apenas me recordava que ela tinha um terreiro na cidade de CABO que ficava numa rua ao lado de uma igreja. Eles não a conheciam e concluímos que a melhor maneira era ir investigar as referências que tinha.

No dia seguinte (quinta-feira) pela manhã, aluguei um táxi e rumamos para a cidade de Cabo, que não ficava muito longe de Recife. Ao chegarmos, procuramos a tal igreja, ponto de referência que não foi difícil de localizar. Entramos na rua lateral e olhamos casa por casa até que reconheci o Terreiro.

Em poucos minutos estávamos em sua porta. Tocamos a campainha e lá estava ela, forte, sorridente e muito feliz com minha presença em sua casa. Depois de abraçá-la e colocarmos o passado em dia, fui direto aos assuntos espirituais e expliquei que precisava de ajuda para fortalecer alguns trabalhos, pois as energias estavam bem fracas em São Paulo. Passaram-se uns quinze minutos quando ela falou:

Meu querido "**GUARANTÃ**", você vai levar as energias "MÁGICAS E POSITIVAS" para São Paulo e mais, vou presenteá-lo com um "Condão das Ondinas" (Colar), para ajudá-lo em sua caminhada de ajuda ao Corinthians, porque aqui em casa todos torcem para este clube. Naquele momento percebi como era grande o Corinthians, com torcedores nas mais distantes partes do país.

Almocei em sua casa e nisso chegou o seu genro de nome Reinaldo, uma pessoa muito conhecida na cidade, que logo se prontificou a nos levar ao *Local Sagrado* para colhermos "Energias Mágicas" que pudessem ser transportadas.

Tínhamos que estar às 18h00 no local e então saímos de Cabo às 17h00, eu levava comigo um galão de 10 litros para colher a *"Água Magnetizada"* durante os Rituais que "Mãezinha Yobansi" realizaria.

Pegamos a estrada em dois carros até o *encantado lugar*, atravessamos recantos naturais majestosos. Chegamos a uma linda praia deserta que parecia cenário de cinema, com areia bem fina branca, água transparente em tom verde claro que dava para enxergar longe, brisa leve, muita vegetação nativa em um colorido estupendo e principalmente cheia de Energias Positivas.

Antes das 18h00 iniciamos os preparativos da colhida da *água do mar*. Riscamos *Pontos* com gravetos, firmamos as velas, colocamos frutas como *oferenda* e cantamos muito evocando todos os *Orixás*. Então eu, *Mãezinha Yobansi* e seus médiuns caminhamos até a beira do mar e pedimos *Licença à Orixá Yemanjá* e a todos do *"Povo do Mar"*. Naquele instante *Mãezinha Yobansi* recuou uns 20 metros e no local que parou colocou uma banqueta. Sentou-se e começou a rezar em *Yorubá* e outras línguas do *"Povo de Nação"*. Pegou o galão vazio de 10 litros, colocou entre suas pernas e me disse:

"**Guarantã**, está quase na hora de a *Rainha do Mar* com todas as suas *"Magias"* enviar suas *ondas sagradas* onde estou sentada, e elas vão encher este galão. Firme *Sua Coroa* e mentalize a vitória desejada enquanto as *Energias despertam* ao nosso encontro."

Naquele instante pensei em como as ondas poderiam ir de encontro a ela se estávamos numa distância de 20 metros da beira do mar, mas a sua reza, força e conhecimentos eram determinantes, pois às 18h00 em ponto veio a primeira onda cobrindo totalmente o galão, e depois chegou outra e outra, até completar 21 ondas. O incrível de compreender era como as ondas podiam chegar e caminhar na direção de Mãezinha Yobansi e como ela podia ter a certeza de que o galão encheria, estas eram perguntas desafiadoras e realmente um grande mistério.

Após o ritual maravilhoso, *Mãezinha Yobansi* recolheu no local sete pequenas pedras, sete conchas e sete flores nativas, e depois de rezá-las me entregou junto com o galão com água magnetizada e me disse que era o suficiente para ajudar o Corinthians no jogo de domingo.

Para finalizar, agradecemos com muita FÉ a todos os *ORIXÁS*, em especial a nossa querida *Mãe Yemanjá*, e cada um dos presentes acendeu uma vela e enterrou na areia uma moeda de prata para o *Povo dos Marinheiros*.

A volta para São Paulo

COISA BOA É PARA SEMPRE

No regresso à cidade de Cabo, fui conversando com Mãezinha Yobansi sobre os *trabalhos efetuados* naquela praia e a maneira como tudo aconteceu. Tinha conhecimento de que todos os elementos da natureza possuem *Memória Astral*, como já diz a *psicometria*, e levar esses *Axés* colhidos no local e a água magnetizada e *assentá-los* representaria criar uma ponte unindo a energia aqui encontrada com a nossa de lá. Então perguntei se necessitava de algum ritual que eu não conhecia para a *Firmação de Congruências das Energias* e ela me acalmou dizendo:

"**Guarantã**, pode ir em paz. A sua missão foi coroada com êxito com permissão dos *Grandes Mentores Espirituais* e tenha certeza de que o Corinthians vai ser campeão no futebol e terá benefícios em todos os seguimentos que se envolver."

Ao chegarmos a sua casa, agradeci sua atenção e empenho, dei como lembrança um castiçal de bronze para cada um dos colaboradores e fiz uma oferenda de flores e frutas no seu *"Peji"* (*santuário*). Retornei para Recife cheio das esperanças que vim buscar. Na sexta-feira à tarde viajei para São Paulo, carregando com muito cuidado e amor o galão com aquela "PREPARADA" água do mar e os demais *Axés*.

Assim que cheguei a São Paulo, imediatamente liguei para o SR. ZEZINHO dizendo que estava de posse dos *Axés* que nos traziam a energia necessária e perguntei como devia fazer para entregá-la. Então ele pediu que levasse pessoalmente em seu escritório. No sábado pela manhã fui até a firma levando a "ENCOMENDA" tão preciosa. Entreguei em suas mãos o galão e pedi que alguém de sua confiança derramasse no vestiário do Corinthians meia hora antes do jogo começar aquela "*Água Magnetizada*" e que os demais *Axés* eu *Firmaria* junto aos "*Anjos da Guarda*" dos jogadores.

No jogo final, o Palmeiras levava uma relativa vantagem, mas eu acreditava que uma ENERGIA MAIOR iria beneficiar o Corinthians e não deu outra: o Corinthians reverteu o jogo e na prorrogação, com um belo gol de Erivelton, consagrou-se Campeão Paulista de 1995.

Com os títulos de Campeão da Copa do Brasil e do Campeonato Paulista encerrei com CHAVE DE OURO mais uma passagem por este glorioso clube. Cabe realçar que naquele ano as glórias do Corinthians não ficaram apenas no futebol profissional. Foi para o Corinthians um ano quase perfeito. Já havia começado bem quando conquistou o título da Copa São Paulo de Futebol Júnior, em janeiro, depois a Gaviões da Fiel consagrou-se Campeã do Carnaval Paulista, derrotando os favoritos do Grupo Especial das Escolas de Samba de São Paulo. Com o samba-enredo "Coisa Boa é Para Sempre".

Nelsinho Batista – Competente

1998

Cabe aqui um capítulo específico sobre a pessoa maravilhosa que é **Nelsinho Batista**. Um técnico de futebol muito COMPETENTE que foi no passado um ótimo lateral no São Paulo F.C. e de outros clubes. Atualmente um técnico bem requisitado, com as GRAÇAS DE DEUS.

E foi assim que no ano de 1998 eu o encontrei no antigo hotel Brasilton, localizado na Rua Martins Fontes, depois de não o ver por muitos anos. Naquele nosso encontro, fiquei bastante feliz, não só pelo momento, mas por sentir em sua pessoa uma índole de liderança associada a fé e determinação, anunciando um habilidoso técnico de futebol.

Em nossa conversa, ele disse:

"**Pai Guarantã**, vê se pode dar uma *Força Espiritual* ao Corinthians, porque todas as *Ajudas* que vem lá de cima são boas. O que interessa é ver o Corinthians Campeão Brasileiro este ano."

Prometi ajudá-lo e, depois de realizar alguns *Estudos Astrais*, afirmei que o Corinthians seria vitorioso, e não deu outra, Corinthians Campeão Brasileiro de 1998.

Saindo do Corinthians, ele foi para o São Paulo F.C. que disputava o Campeonato Paulista e, por ironia do destino, a final do torneio foi contra o Corinthians. No confronto o São Paulo F.C. se saiu melhor, conquistando o título com aquele incrível gol do RAÍ.

Veja, querido leitor, que a *Força do Destino* é cheia de surpresas e "MAGIAS". Ao cumprir nossos destinos passamos pela vida cruzando várias pessoas que serão nossos aliados somente durante uma breve temporada, e depois retornam à estrada para novos rumos. Nelsinho Batista, Campeão Brasileiro pelo Corinthians, e depois Campeão Paulista no São Paulo F.C.

Não dá para compreender os mistérios no futebol!

Atlético do Paraná

FURACÃO 2001

Por intermédio de um grande amigo e um "TRIADOR" do Atlético do Paraná Futebol Clube, comecei a colaborar com esse notável clube que é muito bem administrado pelo seu Presidente de Honra, Sr. Mário Celso Petráglia. O Atlético do Paraná vinha mal colocado na tabela de classificação, mas aos poucos foi ganhando corpo na competição e chegou às finais com o São Caetano, time muito perigoso e valente.

No primeiro jogo, em Curitiba, o Atlético do Paraná empenhou-se com muita vontade e graças à grande determinação de seus jogadores, do seu técnico GENINHO e todos os *Trabalhos de Ajudas*, ganhamos por 4×2.

No jogo final do campeonato, no Estádio Anacleto Campanella na cidade de São Caetano do Sul, o Atlético do Paraná derrotou o São Caetano por 1×0, com um gol de ALEX MINEIRO, e tornou-se o mais novo Campeão Brasileiro.

Em relação à conquista do título, ela só veio graças à grande estrutura que o clube tinha no momento, à excelente campanha realizada por todos os envolvidos e também pelas GRAÇAS DE DEUS PAI.

Os que ficam atrás da moita

HOMENAGEM DO PAI GUARANTÃ AO POVO BRASILEIRO

Na minha caminhada espiritual atendi diversas pessoas de todas as classes sociais e intelectuais. Muitos tinham cargos de grande importância, outros eram renomados artistas e cantores que sempre me pediram discrição, pois não queriam que ninguém soubesse que eles estavam frente a uma entidade pedindo a ajuda de *Forças Maiores*. Não queriam assumir a *Fé Umbandista* e, como **Sacerdote da Umbanda Nativa**, sempre respeitei essas decisões.

No momento atual, a Umbanda no Brasil passa por uma grande represália de seres imaturos e intolerantes que atacam nossos ritos e desprezam a nossa Fé em público, muitas vezes na grande mídia escrita e falada. O triste é observar que muitos políticos ficam *atrás da moita* sem nada fazer em nossa defesa. É triste ver nossa bandeira da FÉ, do AMOR e da CARIDADE ficar a meio pau como se estivéssemos de luto.

Parabéns aos grandes Mestres e Sacerdotes de Umbanda que nas últimas décadas conseguiram se posicionar com grandes feitos à nossa religião, em especial ao meu amado filho e amigo *"Mestre Rivas Neto"* com a *Faculdade de Teologia de Umbanda*, a minha querida

Filha de Fé, cantora e sacerdotisa, *Liz Hermann*, pelo seu maravilhoso trabalho musical, ao meu antigo companheiro e também amigo, *Pai Ronaldo Linares* com o *Santuário da Umbanda*, ao *Pai Jamil Rachid* pelo *Vale dos Orixás* e as cinquenta *Festas de Ogum* realizadas no Ginásio do Ibirapuera, ao *Pai Milton Aguirre* por todas suas lutas junto ao *Superior Órgão de Umbanda do Estado de São Paulo*, ao *Pai Fernando* do *Terreiro do Pai Maneco*, a *Mãe Cida* do *Primado do Brasil*, ao *Rubens Saraceni* do *Colégio de Umbanda*, ao meu querido *Edvaldo Lucena* pelo seu trabalho como *Mestre nos Rituais de Encantados* e ao meu também Filho de Fé, *Mauro Berber*, com o *Movimento Musical e Cultural Pró-Raízes* e por dar continuidade ao desenvolvimento e à propagação da **Umbanda Nativa**.

Lanço aqui com Fé, Amor e Caridade à população brasileira, muitos votos de uma vida repleta de Positivismo, que a leve a vitórias e paz na Alma. Tenham certeza de que nesse novo governo de nossa Presidenta teremos um avanço social no País jamais visto. Ela está imbuída de boa vontade e coragem extrema para realizar trabalhos desafiantes, melhorando assim o padrão de vida dos brasileiros. Que *Deus a Abençõe* e rogo aos nossos queridos *Orixás* que lhe enviem saúde e discernimento para que consiga estar atuante durante *todo o mandato* e que lhe ajudem a desviar-se das *Forças Contrárias* que tentarão impedi-la de melhorar o Brasil.

Vá para frente *"Presidenta Dilma"* e não olhe para trás. Avance no tempo, pois ele é o melhor remédio da vida. Deixe a sua porta da frente sempre aberta para coisas boas, e crie uma porta de saída por onde serão eliminados os seus rivais.

Os Iluminados

DEUS CONTA COM VOCÊ

O nosso planeta é cheio de "MAGIAS" e elas vêm energeticamente sempre refletindo nossas ações e pensamentos. Assim, as bases **das forças positivas** estão sintonizadas em nossos atos, perante nosso DEUS CRIADOR.

Uns nascem com uma determinada *Missão* e se perdem no caminho, outros vivem a vida inteira sem um relativo sucesso em seus propósitos, mesmo com todo esforço e dedicação empenhados. Isso quer dizer que não importa o quanto pensamos estar produzindo ou dando ao mundo, se estivermos vibracionalmente sintonizados com a negatividade. Nada alcançaremos. A única saída é *mudarmos de faixa* e cairmos nas graças da Positividade associado a Fé de um Plano Superior que nos dá guarida e orientação por meio de nosso coração.

Divide-se a nossa atuação na vida em três sentidos: o *Corpo Físico*, o *Mental* e o *Espiritual*. Temos que ZELAR por essas três energias e mantê-las em equilíbrio para obtermos sucesso em nossos objetivos.

O primeiro passo é *Querer*. Tudo parte de você querer, tanto para o bem quanto para o mal. Portanto, é preciso uma reflexão verdadeira buscando no seu íntimo tudo o que realmente lhe faz bem para a Alma e traçar um roteiro de desejos a serem alcançados, zelando para não se desviar durante o caminho. Um ritual simples que pode ajudar nesta reflexão é você se postar em frente a um espelho que mostre seu corpo inteiro, deixar as duas mãos caídas até a cintura, olhar fixamente para o espelho e mentalmente pensar que todas as suas negatividades saiam do seu corpo físico e começar a sentir o que seria para você a Paz de Alma. Se possível, faça esse ritual todos os dias, tornando-o um costume até sua mente se fortalecer.

O segundo passo é *eliminar* tudo que não contribua para seus desejos verdadeiros. É necessário sair do ciclo vicioso, afastando do dia a dia todas as coisas que nos fazem mal, principalmente as pessoas NEGATIVAS, mesmo que você tenha que trocar todo o seu ciclo de "ditos amigos". Faça uma revisão em sua casa ou em seus ambientes de domínio e retire todos os objetos que não lhe trazem boas lembranças e todos os que não possuem utilidade e só estão guardados pelo vício cultural. Dê ou jogue fora. O que não lhe serve pode servir para alguém, ou o lugar dele é o lixo.

O terceiro passo é sua *Purificação* por meio de banhos de limpeza ou fortalecimentos e habituar-se a tomar chás de ervas sagradas em rituais caseiros. O primeiro banho para se tomar é o de *descarrego*. Quando você sente o seu corpo físico sem aquela energia POSITIVA, urgentemente deve reagir contra essas *Negatividades Contaminosas*, banhando-se com uma porção de SAL GROSSO, que é um dos maiores descontaminadores para a retirada desses "FENÔMENOS". O procedimento para realizar o Ritual é muito fácil: compre um quilo de sal grosso e dissolva-o em uma panela com cinco litros de água, ferva essa mistura e espere amornar. Depois de tomar o seu banho de asseio tradicional com sabonete neutro, faça uma prece e jogue o preparado do pescoço para baixo com a água salgada, orando e pedindo que todos os seus males saiam da sua vida. Pode ter certeza de que eles sairão do seu corpo físico. Outros banhos também podem ser tomados com pétalas de rosas brancas, aroeira, etc. Depois comece a tomar chá todos os dias com qualquer erva sagrada fresca. Podem ser ervas como a erva-cidreira, camomila, erva-doce, quebra-pedras, melissa, etc. Se quiser, acrescente uma fatia de fruta a gosto. Seria importante que o ritual do chá sempre acontecesse no mesmo horário do dia.

Lembre-se a todo instante de que cada ser é uma obra única e perfeita criada por Deus para desempenhar um papel importante neste mundo. Sempre olhe os acontecimentos buscando o lado positivo: A dor alerta que algo está errado, a queda nos dá experiência para sermos mais fortes, a traição nos ajuda a selecionar melhor na próxima vez, o ódio nos estimula a treinar o perdão, até o dia em que você entenderá que as lágrimas acontecem em momentos que estamos prontos para conversar com Deus e agradecer a Vida que nos legou.

A Espiritualidade é uma extensão de Deus para nos impulsionar sempre para frente na construção do Bem. Existem muitos nomes que damos aos Iluminados de Deus atuantes neste mundo. Você os encontrará como

Anjos, Anjo da Guarda, Santos, Espírito Santo, Espíritos, Orixás, Mestres, Protetores, Mentores, Guias, Entidades, Sopro Divino, Intuição, Percepção e muitos outros. O importante é abrir o ouvido e saber que DEUS não manda recado, ele fala diretamente em sua Alma, em seu Coração. Deus conta com sua participação em sua Grande Obra. Todos nós somos *obreiros*, todos temos um lugar ao Sol perante o Grande Arquiteto. Temos que encontrar nosso DOM NATIVO e deixar que ele aflore ao mundo sem pedir nada em troca. É dando que se recebe.

Todos nós somos Iluminados e estamos ligados em uma grande Rede Espiritual. Tudo tem vida e sentido e tudo faz parte da nossa vida. Não viemos a este mundo a passeio. O Planeta Terra não é uma Colônia de Férias, mas também não é um lugar de martírios. Estamos aqui para aflorar a versão mais pura de Nossa Alma, da forma mais original que Deus criou.

Meu *Mentor Espiritual*, o **Caboclo Guarantã**, sempre nos lembra de que o Mal só existe para quem tem olhos para o Mal e o Bem invade e se reproduz na Vida de quem só tem olhos para o Bem. Ele ainda diz que ter Fé é acreditar acima de tudo que não estamos sozinhos, que a *Mão de Deus* sempre paira sobre seus Filhos que O procuram determinados a serem felizes e a distribuir felicidade. Faça a sua parte que as Forças Positivas farão a dela, lhe trazendo sempre muita Saúde e Prosperidade.

Por autorização do *Plano Superior* e do **Caboclo Guarantã** irei publicar um livro com toda a base doutrinária da UMBANDA NATIVA, onde espero deixar detalhes ritualísticos de toda minha experiência no convívio espiritual nestes 80 anos de vida, e quero deixar aqui os meus mais sinceros agradecimentos ao meu Filho de Fé **Mauro Berber**, que foi também um grande condutor neste livro. Obrigado querido Mauro, o qual batizei com o nome de "TUTUINHO".

Quero honrar minha Amada Esposa, **CIDA C. SILVA**, que sempre incentivou a confecção desta Obra, e aos demais Amigos e Filhos de Fé que participaram de minha Caminhada Espiritual. Por sugestão de minha entidade "**Exu Rei**", convido a todos de agora em diante a participarem de uma grande festa de confraternização todos os anos, onde poderemos matar a saudade da distância. Essa festa ocorrerá sempre no dia de meu aniversário, SEIS DE NOVEMBRO. Espero todos vocês em 2011 para comemorarmos meus 81 ANOS e a vitória da **UMBANDA NATIVA**.

"QUE DEUS E TODOS OS NOSSOS ORIXÁS ABENÇOEM NOSSO PLANETA, NOSSAS FAMÍLIAS, NOSSOS CAMINHOS, PARA QUE POSSAMOS AUMENTAR NOSSA FÉ, NOSSO AMOR E NOSSA PRÁTICA DE CARIDADE."

"Pai Guarantã"
Roberto G. Barros

Conheça também:

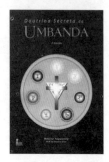

www.iconeeditora.com.br